普 天 之 下 · 盡 是 好 書

普天出版家族
Popular Press Family

凌雲文創
A-Plus Creative Company

You must know
the homorous speech

你不能不知道的幽默說話術

活用幽默藝術，才是最好的溝通方法

美國作家比徹·斯托曾說：

「只要你能用幽默的方式讓對方會心一笑，對方就會不由自主照著你的意思去做。」

確實如此，幽默往往會製造左右他人決定的效果，訣竅是抓準時機發揮幽默感，用巧妙的方式讓對方明白自己的意思。
機智與幽默是人際互動的最佳應變智慧，活在這個人際關係緊張對立的社會，懂得適時幽默一下，才是最高明的溝通方式。

凌雲 編著

•出版序•

活用幽默藝術，才是最好的溝通方式

藉著幽默的方式，不滿和不快一笑帶過，幽默是人的情感最自然的流露，不僅可以像潤滑油一樣滋潤你的人際關係，也可以讓你處世更加圓融。

古羅馬思想家塞涅卡曾經寫道：「化解衝突的最好良藥，就是含有幽默感成份的機智。」

遇到不如己意的事情，發脾氣、爆粗口、爭執不休，非但會將氣氛鬧僵，把問題搞得更難以收拾，更會突顯自己欠缺涵養。真正聰明的人，即使場面不利於自己，也懂得臨機應變，選擇用幽默與機智改變對方的認知。

假如在餐廳裡的啤酒杯中發現蒼蠅，身為顧客的你，將怎樣處置呢？據說以下六個國家的人有不同的處理方法。

英國人會以紳士的態度吩咐侍者：「換一杯啤酒來！」

法國人會將杯中物傾倒一空。

西班牙人不去喝它，只是留下鈔票，不聲不響地離開餐廳。

日本人會令侍者叫來餐廳經理訓斥一番：「你們是這樣做生意的嗎？」

沙烏地阿拉伯人則會把侍者叫來，把啤酒遞給他：「我請你喝！」

美國人比較幽默，會向侍者說：「以後請將啤酒和蒼蠅分別放置，由喜歡蒼蠅的客人自行將蒼蠅放進啤酒裡，你覺得怎樣？」

喜劇泰斗卓別林曾說過：「如果用特寫鏡頭看生活，生活就是一場悲劇；如果用長鏡頭看生活，生活就是一場喜劇。」

藉著幽默的方式，將所有的不滿和不快一笑帶過，就是懂得「苦中作樂」的人，也是處世圓融的人。一般人因生活而苦悶時，最好能用幽默的心情坦然接受，樂觀面對即將或者已經到來的那些苦難。

如果一定得面對苦差事，何不「苦中作樂」，用幽默的方法解決它呢？

羅曼諾索夫是十八世紀俄國偉大的學者、詩人和教育家，為了發展俄國的科學事業，不斷與科學院的官僚勢力和上層貴族鬥爭。有一天，他和宮廷貴族舒瓦羅夫伯爵因為一個問題爭吵起來，彼此都出言不遜。伯爵自恃地位顯赫，惱羞成怒地嚷道：「我要把你開除出科學院！」

羅曼諾索夫反倒神色泰然地回答：「請您原諒，無論怎樣，你也絕不能把科學從我身上開除出去！」

詩人薩克雷曾經說過：「可以這麼說，詼諧幽默是人們在處理人際關係時，所穿的最漂亮的服飾。」

其實，幽默是人的情感最自然的流露，直接聯結在對方的本性上，它不僅可以像潤滑油一樣滋潤你的人際關係，也可以讓你處世更加圓融。

為了跑到新聞，美國知名的記者哈里·羅曼諾夫常常不擇手段，使用他的絕招，在電話裡騙新聞。

有一次，聽說在某地發生了員警和罪犯的槍戰，一些員警受了傷，被送到一家醫院治療。哈里·羅曼諾夫得知這個獨家新聞以後，立刻冒充警察局長，準備「誆騙」新聞。他打電話到這家醫院之後，裝模作樣問道：「我是警察局長，你們那裡現在的情況怎麼樣？」

對方十分耐心地向「警察局長」報告情況，介紹了不少別人還不知道的消息。哈里·羅曼諾夫非常感動，打算在自己的報導裡把這位訊息提供者的姓名公佈出來，於是，便很客氣地說：「謝謝你！請問，你是哪一位？能告訴我你的姓名和職業嗎？」

結果，對方的回答令哈里·羅曼諾夫大吃一驚：「我是警察局長菲茨莫里斯，親愛的『警察局長』先生。」

古羅馬思想家西塞羅曾經寫道：「幽默會給人帶來歡樂，而且，常常可以產生巨大的作用。」

的確，幽默不僅能令人開懷，而且還常有潤滑的妙用，可以讓你跟別人交際的過程中增添光采。

不管是快要被開除的羅曼諾索夫，還是被冒用頭銜的警察局長，碰到攻擊自己或利用自己的人時，卻能適時發揮幽默感，平心靜氣和對方開玩笑。這樣的人能了解自己情緒變化，也能控制自己的情緒，不因挫折而沮喪，幽默指數高的人，就具有這樣的特質。

幽默的人自覺性高、自主性強、樂觀向上，喜歡幫助別人。他們碰到情緒問題時，不會一下子爆發，反而能從問題點尋找發洩的管道，苦中作樂，享受一個沒有悲苦的人生。

PART 1

幽默回應，可巧妙改變處境

與其軟弱地保持沉默、不知所措，或者不近人情破口大罵，倒不如巧妙改變自身處境，可以讓人輕鬆解決問題。

PART 2 用歡笑代替氣惱

碰到尷尬的情況，用不同的情緒去面對，就會有不同的結果，用幽默心情帶過，笑聲可以解決氣惱。

PART 3

懂得幽默，就能輕鬆溝通

很多遺憾萬分的事，都是起因於溝通不良，引爆點往往是微不足道的小事。如果幽默一點，看著自大自捧的人表演，也是一件有趣的事。

PART 4

不要把機智用在掩飾錯誤

要找一個好的藉口理由來掩飾錯誤不難，但問題始終存在，終有一天總會揭開，我們也無可避免要面對。

PART 5 用機智化解羞辱

面對羞辱，有幽默感的人懂得「用幽默代替沉默」，會不疾不徐回敬對方，沒有幽默感的人，恐怕就得陷在難堪的窘境之中，不知如何是好了。

PART 6

不要讓自己的幽默太過火

輕鬆生活不代表可以隨性作為，幽默也不可過火，唯有能保有自己的真性誠心，才能期待良善社會環境的建立。

PART 7

用幽默製造「笑果」

幽默的說話方式可以打破人際關係中的僵局，避免許多尷尬的場面，還可以製造「笑果」，博得眾人的掌聲。

PART 8 用風趣感染眾人的情緒

維持場面氣氛和諧的能力，是現代人必須注重的。風趣、活潑具有感染力，讓自己帶著燦爛笑容和別人來往。

PART 9 有一點爭吵，更能恩愛到老

將「鬥嘴」化為幽默的對話，能為感情增添溫度，穩定婚姻狀況。床頭吵、床尾和，雖然吵吵鬧鬧，也能恩恩愛愛相伴到老。

PART 10

只有機智才能化解糗事

只有充滿幽默感以及高度自信的人，才能兵來將擋，水來土淹，把場面做一個圓滿的善後。

PART 11

用幽默代替生氣

生氣不能解決問題，有時候，一顆寬容的心，幾句幽默的話語，就可以把肝火化為笑意，把敵人變成朋友。

幽默回應，可巧妙改變處境

與其軟弱地保持沉默、不知所措，

或者不近人情破口大罵，

倒不如巧妙改變自身處境，

可以讓人輕鬆解決問題。

傳達真情能縮短心理距離

幽默能縮短彼此的「心理距離」，用「真情」讓對方接受自己，端看你要動之以「感性之情」還是「憤怒之情」。

幽默是一種生活智慧，也是溝通的利器。人生不可能沒有失意、煩惱，人與人之間也難免出現摩擦、齟齬，要學會轉換心情看事情，盡可能用幽默的說話方式表達自己的意思。

唯有選擇帶著微笑面對，才能縮短人與人之間的心理距離。

有個編劇應邀寫了一齣電影劇本，內容描寫一個偵探故事。

某天，編劇的老婆走進房間，發現他一動也不動地坐著，臉上流著兩行淚。

「老金被殺死了！」編劇對老婆說。

老金是故事中的主角。

「可是，老公，這個故事是你編的，你不是早就知道會發生這件事嗎？」老婆有一些疑惑。

「我知道，可是這個老人死得太慘了！」他哀傷地說。

感性的力量往往大於一切，就算是喜劇也能賺人熱淚。

當我們面對頑固的對象，無法以道理讓他接受自己的想法時，就應該對他「動之以情」，用感性來征服他。

當然，在這之前，必須縮短彼此的距離，打破對方的戒心和防備。這時候，幽默就是最好的方法。

美國著名作家馬克．吐溫在法國旅行。有一次，他乘火車要到第戎去，上車後，覺得很疲倦，想睡覺一會兒，就囑咐列車員，火車到達第戎時務必叫醒他。他聲明，自己是一個酣睡之後就不容易醒的人，再三提醒列車員：「你叫醒我的時候，我可能會對你大發脾氣，不過你不要理會，無論如何，拖也要把我拖下車去。」

說完，馬克．吐溫就倒頭睡去。

過了一段時間，當他醒來，火車已經到達巴黎了，他肯定火車到達第戎的時候，列車員忘記叫醒他了，因而非常生氣，跑到列車員面前大發雷霆。

「在我一生中還從來沒有這樣發過脾氣。」馬克．吐溫說。

列車員平靜地看著他說：「先生，列車到達第戎時，我拖一個美國人下車，他對我發了一頓脾氣，你現在發的還不及那個美國人的一半哩！」

列車長把一個不該下車的人硬拉下車了！聽到這樣的回答，馬克．吐溫或許不知該氣還是該笑吧！

除此之外，「動之以情」還有另一種呈現手法，就是運用恐嚇手段！

有些人「吃硬不吃軟」，愈是客氣，愈把你吃得死死的。恐嚇、威嚇，同樣是動「情」的方法，只不過是「憤怒之情」。

一個全身肥胖的紳士，邁著大步走到公車站牌旁的涼椅，在一個瘦小的男人旁邊坐下。

他無視於「禁菸」的標語，拿起一支特大號的香菸，問身旁的人說：「抽支菸，不要緊吧？」

「不要緊！」那男子提高音量說：「如果你惹我生氣也不要緊的話。」

最後一個回答，看似幽默，又充滿恐嚇意味，比直接教訓別人：「你眼睛長到背後去啦，難道沒看到『禁菸』標誌嗎？」要來的讓人接受。

幽默能縮短彼此的「心理距離」，用「真情」讓對方接受自己，端看你要動之以「感性之情」還是「憤怒之情」。

靈活運用，幽默才會發揮功用

將不同的事物套在一起，用得好，可以幫助自己脫離困境；用得不好，一樣會有笑聲，不過可能惹惱某人。

機智與幽默是人與人互動的最佳應變智慧，活在這個人際關係緊張的社會，懂得在適當的時機幽默一下，才是最高明的溝通方式，往往往會爲自己創造更多機會。

一個剛學習駕駛的年輕軍官，把汽車開到十字路口時，號誌燈突然轉紅，汽車只好停在十字路口中間。

警察向他打手勢要他後退，但他不會倒車，只好把汽車繼續往前開。

警察對他吹哨，怒氣沖沖大步向他走去。

「這是一輛軍車，」軍官向警察解釋：「它只能前進，不知後退。」

軍官靈機一動的說詞，想必警察聽了也會哭笑不得。

幽默無時無刻存在生活中，很多時候都是現學現賣、隨機套用的。將不同的事物套在一起，用得好，可以幫助自己脫離困境，也可以製造歡笑；用得不好，一樣會有笑聲，不過可能惹惱某人。

有個人見兒子呆頭笨腦，決定帶他出門開開眼界，長長見識。

這天，父子倆一起趕集，路過一座小橋，父親指著橋下的流水對兒子說：「這叫細水長流。」

接著，來到一個村莊的村口，父親見一隻大黃狗抱著一塊骨頭在啃，又告訴兒子：「這叫狗啃骨頭。」

往前走了一段路，來到草灘上，遠遠就有一頭大牛跟一頭小牛犢在牴角，父親又說：「這叫大牛欺小牛。」

兒子從來沒有出過門，覺得所有的事情都很新鮮，大開眼界，長了不少見識。

父親很高興，心想這趟出門沒有白跑，就叮囑兒子說：「我告訴你的事，要好好記住呀！」

終於走到市集上，父親帶兒子到一家飯館吃飯。父親口渴得要命，才剛坐下就猛喝白開水，兒子見了就說：「爹，要細水長流呀！」

父親聽了非常高興，心想兒子總算開竅了，學的話一下子就能用上，喝這白開水比糖水還要甜。

喝完水，父親點了一盤排骨當下酒菜，兒子見他津津有味地啃著，不禁大聲地說：「看，狗啃骨頭啦！」

一旁的人聽了，捧著肚子大笑。

父親勃然大怒，猛地摑他一巴掌，兒子哭著說：「大牛欺小牛，嗚嗚……」

兒子的隨機套用，雖然惹惱了父親，卻充滿樂趣。

隨機的幽默，除了現學現賣，還有一種是利用一些與對方生活相關的事物，然後靈活運用，也能製造出打破沉默效果。

某間學校的法律系上課時，教授發現少了幾名學生，便問班代：「這幾個人跑哪兒去了？」

班代站起來回答：「不知去向。」

教授聽了勃然大怒，大聲說道：「大膽，連法律課也不上，如此『目無法紀』，快把名單列上來，不能讓他們『逍遙法外』！」

「目無法紀」和「逍遙法外」，都是法律上的常用詞，這個「法」卻有兩種涵義。一種是法律上的法，另一種是法律課的法。學生雖然犯的是「翹課」的法，教授卻巧妙連上「法律」的法，製造雙重的「笑」果。

生活中，我們也可以試著靈活運用，發揮隨機幽默，拉近自己和別人的距離。不過，千萬切記一點，要套用得天衣無縫才不會爲自己惹來麻煩！

幽默回應，可巧妙改變處境

與其軟弱地保持沉默、不知所措，或者不近人情破口大罵，倒不如巧妙改變自身處境，可以讓人輕鬆解決問題。

早上七點，丈夫悄悄從外面回來，才躡手躡腳打開門，就看見發怒的妻子正坐在沙發上等他。

「說，你打算怎麼解釋！」妻子問。

「喔，我昨天打電話告訴妳會比較晚下班後，便開車送女秘書回公寓，她還順便邀我上樓去喝一杯咖啡。」疲倦的丈夫說：「之後，她變得非常客氣，最後我們決定共睡一床。」

「你騙我！」太太大聲說：「你一定又跑去打牌。」

丈夫深知妻子是個疑心病重的大醋罈，就算說實話也不一定相信，所以選擇這個「誇張的理由」來做交代，真正偷腥的人是不會自己報告的。

有時候，我們會遇到一些難以解決的問題，可能找不到合適的回應，或者對方太煩人，又得和他和平相處，這時候將話題巧妙轉開，換個緩和的方式帶過，就能輕鬆解決危機。

劇作家蕭伯納因脊椎骨的毛病，打算從腳跟上截一塊骨頭來補損。手術前，醫生見他是個名人，想趁機敲他一筆，於是對他說道：「蕭伯納先生，這是我從未做過的新手術，費用會高一些。」

蕭伯納風趣地笑著說：「那好極了，你打算付給我多少試驗費呀？」

英國大版畫家兼名詩人威廉・布萊克一生製作了大量鋼版插圖，也創作過不少高水準的詩歌。

如同許多藝術家一樣，他對藝術世界迷戀得近乎癡醉，常常沉緬其中忘記現實。

有一次，布萊克和他的妻子凱薩琳模仿彌爾頓《失樂園》中描繪的情景，一絲不掛地坐在他們的花園裡，忘情地朗誦著《失樂園》裡的詩句。

這時，突然有客人來訪，看見對方尷尬神情，布萊克毫不窘迫地對客人喊道：「請進！這兒只有亞當和夏娃。」

愛因斯坦還沒出名的時候，有一次在紐約街上碰到一位熟人，那人見他衣著打扮寒酸，就問：「你怎麼穿得這麼破舊？」

愛因斯坦笑著回答：「反正這裡也沒人認識我。」

幾年之後，愛因斯坦成了科學界的「大明星」了，有一天，在紐約街頭，又碰到那個熟人。那人一見便驚訝地問他：「你現在怎麼還穿得如此破舊？」

愛因斯坦不以為意，笑著回答說：「反正這裡的人都已經認識我了。」

行事風趣幽默的佛洛斯特是美國頗負聲譽的詩人。他的作品，筆調清新簡練，善於描寫自然風光。

有一年夏天，佛洛斯特到郊外一位朋友家中作客，晚飯後，客人們都到陽台上納涼。佛洛斯特喜歡清靜，獨自拉了一張藤椅到角落閉目養神，一位衣著入時的女人走來對他說：「詩人，你看這晚霞，真美！還有這餘暉……」

佛洛斯特覺得這個附庸風雅、喜歡賣弄的女人實在太不識趣，便站起來躬身答道：「夫人，您說得是！不過，我在飯後向來不談公事。」

運用幽默的說話方式將目標轉移，不但不傷人，還可以讓對方理解和尊重，除此之外，也能讓自討沒趣的人停止無聊行爲。

與其軟弱地保持沉默、不知所措，或者不近人情破口大罵，倒不如巧妙改變自身處境，運用幽默的方式轉移話題，可以讓人輕鬆解決問題。

借力使力能簡單達到目的

為了爭取自身利益，用些小手段是人之常情，但是要小心自打嘴巴的情況發生，否則就會戲言成真，鬧出笑話來。

在這個紛紛擾擾的時代，人與人之間充滿著爭執、衝突、競爭、交戰，許多無謂的爭執衝突，都是溝通不良引起的！

想要提昇自己的處世競爭力，做人做事一定要講究策略和技巧，幽默的話語不只可以替自己解圍，同時也是輕鬆溝通的工具。

有位漂亮的少婦獨自在公園散步，覺得有些累，便在樹下一張椅子坐著休息。她看了看，確定四下無人，就把鞋子脫了通風。後來，乾脆把一雙玉腿也伸上椅子，舒服地躺了下來，毫不在意幾乎春光外洩。

過了一會兒，一個全身髒兮兮的遊民走近她身邊，笑著說：「親愛的，我們一起去散步好嗎？」

「好大的膽子，我可不是那種和人勾三搭四的女人！」少婦怒斥。

「那麼，妳跑到我床上來幹什麼？」遊民說。

很多事情的發生都有前因後果，受到不當對待時，仔細探究原因，通常和己身的行爲有關，就像蒼蠅會出現，必有吸引它的原因。少婦的確不是個隨便的人，但是她的行爲卻不夠謹愼，也難怪遊民會對她言語調戲。

抓住對方的把柄，進而借力使力，就能運用幽默感達成目的。

阿凡提小時候常常到老師家裡學習《可蘭經》。

某天，阿凡提正在讀經文時，有個學生家長走進來，手裡提著一罈蜂蜜送給老師，阿凡提好奇地張大眼睛，想看看罈子裡裝些什麼。

老師發覺他在偷看，又不想把稀少又美味的蜂蜜和阿凡提分享，就連忙將蜂蜜放到碗架上去，然後嚴肅對他說：「阿凡提啊，這罈裡裝的是毒藥，任何人只要吃上一口就會立刻中毒死去，非常危險，千萬不可碰它！」

過了一會兒，老師有事出門了。

阿凡提確定老師走遠後，就爬上碗架取下那罈「不知名」物品，打開一瞧，發現是蜂蜜時，口水直流，雖然想吃又擔心老師回來後會生氣，於是想出一條妙計。

他將老師的墨水瓶往地上一摔，弄得滿地碎片和墨汁，隨即取下那碗蜂蜜，又把別的學生送來的肉餅、烤餅和油條也拿了出來，蘸著蜂蜜津津有味地吃著。蜂蜜吃完，他又把碗舔得乾乾淨淨，放回原處。

直到太陽下山，老師終於回來了，看見滿地碎片和墨汁，生氣問道：「阿凡提，墨水瓶是你打破的嗎？」

阿凡提假裝難過又驚慌地說道：「我知道自己闖了大禍，怕您懲罰，所以就喝下了那罈毒藥，想在您回來之前死去。誰知道，我等了又等都沒死，真不知該如何是好呀！老師，您為什麼不遲點回來呢？再晚一點我就死了，這樣才能消除您心頭的怒氣！」

老師一聽，馬上走到碗架拿下那罈蜂蜜，打開一看，果然被吃個精光，雖然心疼，卻無顏責怪阿凡提。

阿凡提不但幸運逃過一劫，還享受了一罈美味蜂蜜。

因爲欺騙在先，阿凡提的老師即使知道阿凡提只是假癡假傻，煞有其事地演戲，也找不到理由處罰阿凡提。如果一開始直接禁止阿凡提接近那罈蜂蜜，或許還有完好的蜂蜜等著自己享用。

爲了爭取自身利益，用些小手段是人之常情，但是要小心自打嘴巴、自取其辱的情況發生，否則假戲眞做，就會戲言成眞，鬧出笑話來。

癡人說蠢話，也是一種幽默手法

癡人說蠢話，其實也是一種幽默手法，只要能讓彼此從中得到樂趣，拉近彼此的，偶爾也可以用用！

老李的兒子小李，是國小三年級的學生。有一天，老李拿了小李的國文課本考兒子，一連問了九個問題，小李都答不出來。

老李生氣地說：「一問你三不知，要是以後再這樣，我就不給你飯吃。」

「什麼叫一問三不知？」小李問。

老李沒讀什麼書，哪裡能解釋這個典故，他只聽別人說過，便轉身問妻子，妻子也不知道。老李想了一會兒，硬掰說：「我想起來了，就是你不知、我不知，你媽也不知。」

眞癡眞呆的幽默，是幽默故事中常常使用的一種手法。其中的人物、對話、行爲，都非常誇張而且愚蠢，但是彼此都不知道自己的蠢言蠢行，只有讀者能一眼看出其中的荒謬之處。平常人應有的知識、常識中，在幽默故事裡卻成爲笑點，讓讀者在違背常理的情節中得到樂趣。

呆呆種的兩畝西瓜，長得又大又漂亮，任誰見了都忍不住流口水。一天晚上，有個小偷到他的瓜地裡偷瓜。

小偷剛摘下一顆瓜，就被呆呆抓住了，呆呆正想揍他一頓，轉念一想，又把拳頭放下，對小偷喝道：「你說吧，願打還是願罰？」

小偷忙問：「怎麼個罰法？」

呆呆說：「人家都說我呆，現在我把呆賣給你！」

小偷一聽，高興地說：「我願罰，願罰！」

呆呆點點頭，鄭重地對小偷說：「記住，我已經把呆賣給你了，從今兒起，你就是呆呆！」

小偷暗自覺得好笑，連忙回答說：「記住了，記住了，我是呆呆！」說罷，轉身就想溜走。

呆呆立即將他叫住說：「如今你就是呆呆，這兩畝瓜田就是你的啦，還不留在這裡將瓜看住！」

一天，財主的兒子到鎮上辦事，回程看中了一架非常精美的雕花床，很想將它買下。誰知，他帶的錢不夠，於是立即回家去取，但是當他趕回來的時候，這床已被人買走了，不禁跺腳大嘆可惜。

賣主見狀，便安慰他說：「我還有一架更精美的雕花床哩，只是小了一點，客官不妨看看。」

財主兒子一看，這架小床果然比大的漂亮許多，高高興興地買了回去。

不過，這架小床真的很小，不管財主的兒子怎麼變換姿勢，就是無法完全躺下。

於是，他借來一把鋸子，忍著疼痛將自己的兩隻腳鋸了下來，然後試著躺下，床不長不短，正好合適。

正當他得意洋洋的時候，財主走了進來，得知兒子的愚蠢舉動後，氣憤地罵道：「你這畜生，未免太糊塗啦！雙腳鋸了留下兩個疤，腦袋鋸了只有一個疤，你怎麼不想想，一個疤勝過兩個疤呀！」

呆呆把「呆」賣給小偷，已經讓人覺得愚蠢，沒想到最後還將瓜田也給了小偷！富翁跟兒子的行爲，更是讓人目瞪口呆，把腳鋸了已經是不正常的行爲，原以爲富翁會說出一點有意義的話，誰知竟然是要兒子換成鋸「頭」！

現實生活中，雖然有些人物的言行舉止誇張又愚蠢，卻不讓人討厭，反而覺得他們笨得有點可愛。

癡人說蠢話，其實也是一種幽默手法，在表層看來，純屬娛樂，深究探討，還是有其意義存在，只要能讓彼此從中得到樂趣，拉近彼此的，偶爾也可以用用！

說不清楚，認知會有錯誤

生活中利用文字遊戲可以製造幽默效果打破沉默，且較不容易冒犯別人。不過，遇上重大決定時，可就要「說清楚、講明白」了！

一個富翁過六十歲生日，地方上的紳士名流都帶著賀禮前往祝壽，富翁一名親戚在大門口擔任招待，負責代接賀禮和唱名。只聽他逐一高喊：

「教育界先進，王校長，請進。」

「政壇元老李議員，請進。」

緊接著，一個男人兩手空空地前來祝賀，招待皺了皺眉頭，隨即高唱：「空手『到』高手，請進。」

利用文字特性造成的幽默效果，可以增加說話的魅力，化解尷尬場面。不管是咬文嚼字、諧音新意，或者一字之差，都是文字幽默的特性。

千萬別小看這些小小的差別，它的影響甚至可以決定事情的成敗。

有個書呆子只會死讀書，常常鬧笑話。有一天，見父親嚎啕大哭，便問：「父親，何至如此？」

父親邊哭邊回答道：「家裡那頭水牛死了，沒牛耕地，靠什麼過活呀？」

書呆子勸了父親幾句，便到書房寫了一張告示貼在門外。鄰人聽見哭聲，不知他家出了什麼事，都趕來安慰，走到門前，只見告示寫著「我家醜死了」五個字，大家一見，一時沒了主意，只好回去。

父親哭過後，就動手把牛宰掉，書呆子見父親要賣牛肉，又立即寫了另外一張告示貼在門外。

過往的人見上面寫著「我家有醜賣」，覺得很奇怪，都圍來觀看。就這樣，告示招來了不少顧客，牛肉頃刻就賣光了。

書呆子見還有不少人圍來看熱鬧，又貼出一張「我家醜盡了」的告示。

圍觀的人愈看愈奇怪，就有人問書呆子：「你家到底出了什麼醜事呢？」

書呆子表示不曾出醜事，那人又問道：「那你這三張告示寫的到底是什麼意思呀？」

書呆子笑著答道：「你們連十二生肖也不懂嗎？子鼠、『醜』牛、寅虎……醜即牛也！」

有一天，龍王要到天上去參加王母娘娘的蟠桃會，臨走前才想起要交代夫人代管下雨，於是匆匆地對她說：「這次我要去好些日子，如果天旱，妳該下就下。」說罷，立即駕起一朵祥雲，直朝南天門飄去。

龍王夫人在家等了好久，卻遲遲不見龍王爺回來，這時正好遇上旱災，她便改嫁去了。

龍王赴宴回來後，見天下大旱，草木枯焦，暗暗吃了一驚，急急忙忙趕回龍宮。一進宮門，他就大叫：「夫人，旱情嚴重，趕快下雨呀！」

喊了幾聲，不見有人應他，他便氣沖沖地往內室跑去。誰知裡面空無人影，只見龍案上留著一張字條，上面寫道：「龍王陛下：我等您很久，仍不見您歸來，時逢天旱，我只好按您臨行時的囑咐，改嫁到山上去。」

龍王看了，不禁怒火沖天，後來細細回想一下，才明白是怎麼回事。

原來龍王臨行時說過「如果天旱，妳該下就下」，龍王夫人聽錯了，以為他說：「如果天旱，妳該嫁就嫁。」

文字遊戲的幽默有兩種層次。第一個層次是無意間誤解別人的意思，做了錯誤反應，結果產生幽默效果；第二個是故意曲解別人的意思，製造幽默效果，「空手到」高手，就屬於這一種。

生活中利用文字遊戲既可以表達自己的觀點，還可以製造幽默效果打破沉默，且較不容易冒犯別人。不過，遇上重大決定時，可就要「說清楚、講明白」了，千萬別亂耍花槍！

發揮幽默功力，把自己推銷出去

如果你失業在家、人緣不佳，或是到目前還是孤家寡人一個，趕快發揮「幽默」的功力把自己推銷出去吧！

美國紐約一家肥皂廠老闆費什，為了替自己的產品做廣告，利用紐約最好的劇院作為媒介達到目的，還特地重金收買當地一位歌劇女演員，讓她在莎士比亞的《馬克白》一劇中飾演女主角。

費什開出的條件是：必須在歌劇演出之時，於台詞中出現一句「費什」。

當晚，劇中的馬克白夫人在台上表演到謀殺一幕，正要擦拭那假想出來的血跡，使坐在台下導演和觀眾們大驚失色的是，這位女主角竟然說道：「啊！假如現在我手裡有一塊費什公司生產的肥皂，就能很快洗淨這塊血跡，並擺脫這個痛苦了！」

現今有那麼多的廣告，要怎樣讓商品在消費者腦裡留下印象呢？在五花八門、琳瑯滿目的商品中，越是突出的商品形象，越容易引起觀衆的注意，這些廣告手法通常都有著豐富的「幽默感」。

比方某酒類廣告的劇情是，一位妙齡女子來到商場，踮著腳想拿下放在最上層的兩罐酒，可是不管怎麼努力，還是差那麼一點點。這時候，來了一位男士，他的目光集中在女子因抬高手取物而露出的小蠻腰。

當女主角用嫵媚的求救神色望著男子時，觀衆以爲要上演一齣「英雄救美」的好戲，結果竟然是男主角輕鬆拿下酒，一副不願與人分享的神情，快步離開，結局留下了目瞪口呆的女主角和電視機前面的觀衆。

這就是一個非常成功的廣告，不僅笑點十足，還充滿了異國風味的「幽默感」。如果最後劇情是「英雄救美」，兩人共享啤酒，就顯得老套多了。

不管我們要推銷自己、別人或商品，最重要就是讓人留下印象。參加過拍賣會的人，相信都能贊同這句話：「最會講笑話的人，往往不是喜劇演員，而是資深老練的推銷員。」

商品的好壞不是重點，推銷員的功力才是商品熱賣的關鍵。

就像杜魯門總統曾經說過的：「如果不能說服人，就混淆他的注意力。」

如果你失業在家、人緣不佳，或是到目前還是孤家寡人一個，趕快發揮「幽默」的功力把自己推銷出去吧！

笑看人生意外，使生活更愉快

用幽默的態度取代消極的情緒，與其因為受傷而自覺運氣差，倒不如從其中尋找一些樂趣。

有一個壽險顧問常常用以下的話提醒人們：「去投人壽保險吧。如果你的手指骨折了，可以得到一百萬新台幣；如果你的腳摔斷了，就擁有一千萬；如果頭破了或脖子被扭斷了，不用說，你將是台北市最富有的人。」

生活中，不少保險業務員鍥而不捨的努力精神實在值得敬佩，但是推銷手法卻讓人無法苟同，似乎詛咒客戶出事的樣子，一下子預言跌倒，一下子會出車禍，這只會讓客戶不想再聽下去。

同樣推銷保險，故事中的壽險顧問卻讓人感到愉悅，就算所舉的例子更加恐怖，卻讓人輕鬆接受，因爲，他用幽默解除顧客消極的心情。

一九八八年九月中旬的一天，歷史上第一位被太空碎物擊中的人出現了。

那是瑞典一名七十七歲退休老農民柏森，當時他正在瑞典南部一座森林中砍樹，突然被天上掉下來的東西擊中手臂。

柏森的傷並不嚴重，只是右前臂受了一點輕傷。

他將擊中自己的碎片帶回去，經過分析，證明它是從一顆人造衛星上掉下來的，但是這顆衛星到底是什麼衛星，屬於哪個國家，則無法斷定。

事情公開後，記者們競相採訪柏森，其中一人問他有什麼感想，他說：「幸虧擊中我的碎片不大，不然，我就不會活著證明這件新鮮事了。」

有一天，阿凡提的老婆替他洗好一件襯衣，在院子裡的一根木樑上晾著。

傍晚，阿凡提筋疲力竭工作回來，走過院子，看也不看一眼就進了屋，倒頭呼呼大睡。半夜他突然醒來，走到外頭打算小解，才準備踏出家門，就看見一道白色身影站在院子裡。

阿凡提直覺有賊闖入，就悄悄回到屋裡，從牆上取下火槍，瞄準白色身影開了一槍。因為天氣冷，襯衣早凍得像棒子一樣硬，卡嚓一聲從木樑上掉到地下。

槍聲驚醒了老婆，阿凡提見了她便說：「院子裡來了個賊，我打死他了，沒事了，妳繼續睡，屍首明天一早咱們再一起弄出去報官。」

天剛破曉，夫妻倆就走進院子，沒看見小賊的屍首，卻看見被打爛的白色襯衣躺在地上。阿凡提這才明白，那「打死」的原來是自己的襯衣。

阿凡提高興地對他老婆說：「老天實在有眼啊！要是開槍的時候，我自個還穿在它裡面，妳不就成了寡婦啦？」

人們面對意外發生，通常會有消極的情緒產生，一個消極的念頭，可能對人生歷程造成不良影響。

故事中的老農民不因天來橫禍而埋怨，反而為自己能成為第一位被太空碎物擊中的見證人而開心；阿凡提更是可愛，竟然爲了自己不在衣服裡頭而高興。兩人都能用幽默的態度取代消極的情緒。

與其因爲受傷而自覺運氣差，或是平白無故打爛一件衣服而大嘆不值得，倒不如像老農民和阿凡提一樣從其中尋找一些樂趣，畢竟樂觀、幽默的人比較受歡迎，日子也過得比較快樂，不是嗎？

藉蠢笑話，說出心中的話

想要諷刺別人，或是打破彼此之間的沉默，不妨試著藉著這類蠢笑話，說出心中的話，將會有不錯的效果。

自古以來，就有一些蠢人出醜的笑話，尤其以嘲諷上位人士居多，這些笑話在諷刺的同時，也是教導被領導的人民，要有判斷力，能分辨出是與非、對與錯，而不是一味盲從。

從前有個縣官，從來不理民間疾苦，天天飽食終日，把自己養得白白胖胖。

有一天，他乘坐轎子外出吃酒席，兩個轎夫扛得汗流浹背，上氣不接下氣。

半路上，有個農婦正趕豬進城。

縣官見她養的豬又肥又大，便叫轎夫停下來，問道：「妳的豬長得這麼胖，餵的是什麼料呢？」

農婦答道：「農家哪有什麼好料，不就是野菜糟糠。牠們吃飽了就睡，睡醒了就吃，自然長得肥肥壯壯啦！」

縣官聽了把眼一瞪，斥道：「大膽刁婦，竟然瞞騙本官！豬如果不是頓頓吃山珍海味，怎麼會長得像我一樣胖？」

另一個縣官，判案糊裡糊塗，老百姓常常背地裡罵他「糊塗蟲」。糊塗縣官不知罵的是自己，反而責備捕役說：「老百姓天天在罵糊塗蟲，你為什麼不去捉拿？限你三天之內，捉三個糊塗蟲來，少一個也不行！」

捕役無奈，只好前去。

剛出城門，他就看見一個人頭頂包袱騎在馬上，便奇怪地問他為什麼不把包袱放在馬背上，那人回答，這樣做是為了讓馬省些氣力。捕役認定他是個糊塗蟲，就將他帶走。

轉身回到城門口，捕役看見一個人拿著一根長竹竿要進城，豎著拿無法進去，橫著拿也無法進去，急得滿頭大汗，也把他帶走了。

第三個糊塗蟲，找了半天也找不到，捕役只得先將這兩個帶回去。來到公堂，縣官問明情況，對騎馬的說：「你頭頂著包袱騎在馬上，怎麼能減少對馬的壓力呢？真是個糊塗蟲！」跟著，他又對拿竹竿的說：「進不了城，為何不將竹竿截做兩段？你也是個糊塗蟲！」

捕役聽了大喜，連忙稟道：「第三個糊塗蟲也有了。」

縣官問他為什麼不捉來，捕役說：「等下一任縣太爺到來，我就去捉他！」

在明朝文人馮夢龍《笑府》的〈李老三〉一篇中，也曾做出和縣老爺類似的回答，而故事中的李老三卻是當地人信從的「智者」。在一群智力不夠發達的人民中，能提出一些方法的李老三，自然成爲當地人依從的對象。

在知識普遍、資訊發達的現代，人們有一定的常識和認知，面對「糊塗縣官」的政策，必有自己的看法和衡量，只不過，在混亂的世代中，人們可能因爲太多「混淆視聽」的傳聞、或者認爲自己只是個「小人物」，不足以影響大局而讓自身權益受損。

要有自信，認識自己的價值和影響力，不管在任何環境，都有雪亮雙眼和清澈腦袋，別讓「愚蠢」的人牽著鼻子走。

相對的，想要諷刺別人，或是打破彼此之間的沉默，不妨試著藉著這類蠢笑話，說出心中的話，將會有不錯的效果。

用歡笑代替氣惱

碰到尷尬的情況，用不同的情緒去面對，

就會有不同的結果，

用幽默心情帶過，笑聲可以解決氣惱。

不能開罵，就含蓄表達

面對不能直說的話，又不想昧著良心說謊，含蓄表達不失耐人尋味的方法，除了表現說話技巧外，也考驗聽眾的理解力和想像力。

一對剛結婚沒多久的年輕夫妻，在汽車旅館訂了一間房間，妻子在床邊發現一個小盒子，問丈夫說：「這是幹什麼用的？」

「如果你投下十元硬幣，」他一面伸手進口袋取出十塊錢，一面回答：「這床鋪就會震動。」

「別浪費！」妻子羞紅臉，笑著說：「我也會動。」

簡單的一句「我也會動」，暗藏無限春色，其中的刺激程度，就看每個人的想像力而定了！

把重點隱藏起來，話說得不明顯、有些模糊，卻能讓人明白意思，就是一種含蓄的說話方法，也是幽默的一大技巧。

從前有兩個腦袋不怎麼靈光的考生，相約一同上京趕考。

一天，兩人經過一座山，看見山上有一座廟，商量過後，決定燒香許願，求神明保佑他們高中。

廟門上方高懸著一塊匾，寫著「太祖廟」。不知怎麼搞的，這兩個考生卻誤看為「大姐廟」。

到「大姐廟」燒香許願，該供什麼呢？兩人想來想去，最後決定買幾尺上好的綢緞，請人做一套鳳冠霞帔，再買些脂粉和頭花來。

等到一切準備就緒，兩個考生馬上帶著這些供品走進廟裡。一看神像，他們兩個都愣住了，神位上坐的哪裡是大姐？明明是一位蓄著長鬍的紅臉大漢，手拿盤龍棍威風凜凜地坐在馬上哩！

其中一個人腦子轉得快，就說：「大概大姐有事外出，留下大姐夫看廟吧！」

於是，他們一個給趙太祖塗脂抹粉，一個給趙太祖穿霞帔戴鳳冠。忙完之後，他倆雙雙跪下，禱告道：「願大姐夫保佑我倆金榜題名！」

轉眼到了三月三日，是王母娘娘設蟠桃宴會各路神仙的大日子，趙太祖也應邀前往。神仙們見趙太祖竟然這般打扮前來赴宴，都笑得彎腰，連頭上的帽子也被震得東倒西歪的。

趙太祖只好說道：「我也不知是怎麼回事，只知道是兩個姓『白』的『小舅子』替我穿戴上的！」

身爲高高在上的神明，爲了維持該有的形象，就算趙太祖再怎麼無奈，也不能用「國罵」來發洩情緒。不過，他倒是含蓄的表達出心中無奈。

姓「白」，實乃「白癡」也；「小舅子」，一方面自嘲自己「姐夫」身分，也再一次質疑兩個考生的智商出問題。

面對不能直說的話，又不想昧著良心說謊，含蓄表達不失耐人尋味的方法，除了表現說話技巧、水準外，也考驗聽衆的理解力和想像力。

最受普魯士國王腓特烈二世寵幸的一名宮女消失一段時間後，又在宮廷裡露面了，有關她消失原因的傳聞使她大為懊惱。

有一次，她向當時正借住在宮廷裡的哲學家伏爾泰抱怨：「他們議論我，說我離開宮廷是為了到鄉下生一對雙胞胎。」

「什麼也別相信，他們盡是胡說八道。」伏爾泰安慰她說：「別為那些謠言煩惱，在宮廷聽到的話，我只信一半。」

「只信一半」，一方面要宮女對傳言別太認眞，另一方面也暗指，或許她眞的躲起來生了一個孩子也不一定。

這樣說法可說是高明又幽默，讓人回味無窮。

善用文字遊戲，讓人無從抵禦

運用文字遊戲的方式，表達出更加令人深省的學問，顛倒有理，深度加倍，這就是幽默帶來的力量。

甲說：「世界上沒有絕對的東西，你說是嗎？」

乙答：「是的，你說的話絕對正確。」

文字的奧妙，能夠使很多語言在形式上是否定的，可是眞正的含意卻是肯定的。光明正大佔人便宜，對方卻莫可奈何，這是運用文字遊戲的最高境界。

美國著名小說家馬克・吐溫在小說《鍍金時代》裡揭露了美國政府的腐敗，和政客、資本家的卑鄙無恥。

小說才推出就引起轟動，有不少記者前來訪問，當他們問到，對國會有何看法時，馬克・吐溫回答：「在美國國會中，有些議員是狗婊子養的。」

這句話一說出，所有報紙紛紛轉載，全國譁然，連國外報刊也刊登了這則消息。美國國會議員為此暴怒起來，群起圍攻，堅決要求馬克・吐溫公開澄清問題並道歉，否則將採用法律手段。

過了幾天，馬克・吐溫終於在《紐約時報》上刊登致聯邦議員的「道歉啟事」，內容寫著：「日前鄙人在酒會回答記者問題時發言，曾說：『美國國會中有些議員是狗婊子養的。』事後有人向我興師問罪。我考慮再三，覺得此話不恰當，而且不符合事實。故特此登報聲明，把我的話修改如下：『美國國會中，有些議員不是狗婊子養的。』」

世界著名繪畫大師畢卡索畢生反對侵略戰爭。

第二次世界大戰期間，德國軍人經常出入位於巴黎的畢卡索藝術館，這些不速之客當然受到畢卡索冷漠的對待。

有一次，畢卡索發給每個德國軍人一幅他的名畫「格爾尼卡」的複製品，這幅畫描繪了西班牙城市格爾尼卡遭到德軍轟炸後的慘狀。

一位德軍軍官指著這幅畫問畢卡索：「這是您的傑作嗎？」

「不，」畢卡索嚴肅地說：「這是你們的傑作！」

馬克．吐溫表面是屈服於國會壓力，不得不寫了一則道歉啓事，但是實際上，那些議員再度被他嘲諷了一番，「有些是」，則表示有些不是，「有些不是」，則意味著有些是，結果都一樣，國會的議員的確是狗婊子養的。

畢卡索則巧妙轉換角度，暗諷德軍帶來的戰後破壞。

運用文字遊戲的方式，表達出更加令人深省的學問，顛倒有理，深度加倍，這就是幽默帶來的力量。

把別人的噓聲變成掌聲

演講者面對惡意破壞所做的機智反應，由於幽默意味十足，也能造就演講的另一個高潮，讓人意猶未盡。

機智與幽默是人與人互動的最佳應變智慧，活在這個人際關係緊張的社會，懂得適時幽默一下，才是最高明的溝通方式。

美國專欄作家盧克瑟，某次參加匹茲堡新聞俱樂部的午餐會，會上他應邀上台講話。

他首先站起來向主席道茲先生敬禮，然後問道：「我可以講多長時間？」

主席笑嘻嘻地說：「這並沒有限制，你願意講多久就講多久，就看您的興致了。

不過，我們大家吃完飯就會自動離開。」

每個人一生中難免碰上幾次上台講話的機會，可能是教室裡、宴會上、辦公室，或者其他社交場合，這件事對於很多人來說，都是極大挑戰。

在演講中，因主題關係有時避免不了長篇大論，就算言之有物，也難免讓人感到疲倦，無法集中注意力，甚至私下聊起天來。這時候，適度穿插相關的「幽默」話題，才能讓人提振精神。

美國前國務卿季辛吉在某次宴會中致詞，當他發現底下一直傳來竊竊私語聲時，突然說：「各位外交官先生，你們的周圍都是新聞記者，說話得要留神；各位記者先生，你們的身邊都是外交官，對他們說的話別太認真了。」

這樣一句幽默的話，不但解決了噪音問題，還可以製造趣味氣氛，真是一舉兩得。然而，並不是每個聽眾都有一定水準和度量，面對不喜歡的議題，可能做出不禮貌的反應，面對噓聲時，又該如何應對呢？

某次，英國作家查理斯・蘭姆應邀向公眾演說。在演說進行中，有幾個人故意搗亂，發出「噓噓」的怪聲。

作家突然話頭一轉，說道：「據我所知，只有三種東西會發出噓噓的聲音，那就是蛇、鵞鳥和傻子。你們幾位能到台前來，讓我認識一下，是這三種東西的哪一種嗎？」

台下的噓噓聲頓時消失，同時爆出滿堂掌聲。

以子之矛攻子之盾，就是演講者面對惡意破壞所做的機智反應，由於幽默意味十足，也能造就演講的另一個高潮。

最後，要讓演講漂亮結束，讓人意猶未盡，說幾句輕鬆話，能令人印象深刻。

「今天的愛情心理就講到這裡，只要照我說的去做，保證你們個個打光棍，當然這是絕對不可能的。」

「今天，我談了城市發展的未來前景，我堅信未來五十年後，在座的各位都有一輛小轎車。不過，今天還得委屈各位去擠公共汽車了。」

「今天晚上離開之時，希望大家記住一件事——你的停車位置。」

講台上的幽默有太多的學問，最重要的，還是事前的準備。確定演講的主題、蒐集資料，了解自己的聽眾，不管是年齡層、知識程度、行業等等，都是事前必須做到的功課。

只要準備充足了，再加上適度的幽默感，必能完成一場精采的演講。

看不清楚也是一種幸福

讓「幽默」成為我們的生活導師，凡事不要看得太清楚。知道重點就可以了，至於細節，就讓它笑笑帶過吧！

「我一向不喜歡過分好奇打聽你的私事，可是，有一件事已經折騰我好幾天了。」妻子對丈夫說。

「是嗎？那就說來聽聽。」丈夫說。

「上星期五，你收到一封信，信上有香水味，而且是女孩子的筆跡。你拆信時，突然頭冒冷汗，臉色發白，雙手發抖。看在上帝的份上，信是誰寫的？」妻子顯然懷疑丈夫有了外遇。

「我想咱們現在最好不談這件事。」

「看在上帝的份上，」妻子尖叫說：「告訴我是誰寫的？」

「那好，如果妳真的想知道的話。」丈夫無奈地回答說：「是服飾店寫來的，說妳已經欠了三千九百元美金！」

每個人的人生，快樂跟憂愁只有一點點的距離，就像站在一扇門中間，你可以選擇往快樂走，也可以讓自己陷入憂愁。

故事中的丈夫選擇快樂，讓自己幽默地看待妻子的帳單。

幽默就像瞎子摸象，每個人摸到的地方都不同，感觸也不同。

有兩個瞎子一起走路，一邊走一邊聊天。其中一個突然問道：「你說世間最好命的是什麼人？」

另一個答道：「當然是我們瞎子啦！」

前一人跟著說：「對啊，明眼人終日勞碌奔波，尤其是農夫最辛苦，哪能像我們悠哉悠哉地過日子？誰也比不上我們好命啊！」

他們的話，被迎面走來的幾個農夫聽見了，心裡不服氣的農夫們便假裝成官員出巡，說他倆沒有迴避讓道，於是舉起鋤把他們各自打了一頓，然後吆喝而去。

之後，農夫們又悄悄跟在他們後面，偷聽他們對話。

只聽見其中一個瞎子對同伴說：「到底還是瞎子好呀！要是明眼人不迴避官員，打了還要治罪哩！」

瞎子眞的好命嗎？或許對他們來說，的確有平常人所沒有的樂觀和清靜。因爲看不見，少了一點紛擾；因爲看不見，不愉快後反而能享受他人對盲人的禮讓；因爲看不見，在災害解除後，有加倍重生的喜悅。

讓「幽默」成爲我們的生活導師，凡事不要看得太清楚。知道重點就可以了，至於細節，就讓它笑笑帶過吧！

用歡笑代替氣惱

碰到尷尬的情況，用不同的情緒去面對，就會有不同的結果，用幽默心情帶過，笑聲可以解決氣惱。

有一個督學來到郊區一所小學視察，其中一班的學生特別吵鬧，讓他非常不高興。他氣沖沖地走進教室，抓住一個吵得最大聲、也長得最高的人，拉到教室外警告他說：「站著別動，直到你悔過為止。」

督學說完就走進教室，向其他學生訓話一番後，一個小孩走上前來。

「先生，」他怯怯地說：「可不可以把我們的老師放了還給我們？」

試想，這位督學該如何應付這種尷尬場面呢？

如果他有點幽默感，就會設法適時幽自己一默，如果沒有幽默感，恐怕就得陷在難堪的窘境之中，不知如何是好了。

面對窘境，不妨試著發揮自己機智，如果你懂得發揮創意，勇於幽自己一默，許多難題都會迎刃而解。

幽默的形式有很多種，是無所不在的，事情發生的當下，或許不覺得有什麼好笑，甚至感到丟臉。一旦事過境遷，隨著心態轉變，幽默感發揮作用，就會讓你舒坦許多。

有兩家鄰居，一戶姓王，一戶姓李。

王家媳婦聰明伶俐，常常受到鄰人的讚揚，李家媳婦聽了，總是酸溜溜的，心想：「哼，我比她不知聰明多少呢！只是沒人發現而已。」

有一天，王家媳婦見有人在家門打她家的耕牛，連忙趕了出來，對那人罵道：「我家這頭牛，是北京來的牛，你打死我的牛，我要你做我的牛！」

那人聽了，連忙向她賠不是。

李家的男人將這件事告訴了妻子，又誇獎王家媳婦一番。

李家媳婦不以為然地說：「這樣的話，誰不會說呀？」

過了幾天，李家媳婦見丈夫在家門前跟一個人打架，立即衝出門來，指著那人大罵：「我家丈夫，是北京來的丈夫，你打死了我的丈夫，我要你做我的丈夫！」

旁人一聽，笑得眼淚也流了出來。

有一天，張秀才去拜訪侯秀才，恰好侯秀才有事出了門，他正要告辭時，侯太太彬彬有禮地問：「先生貴姓？」

張秀才答道：「小姓張。」

侯太太又問：「是弓長張，還是立早章？」

張秀才畢恭畢敬地回答：「弓長張。」

侯太太跟著又問：「張先生用過午膳了嗎？」

張秀才點頭表示用過了。

侯太太見了立即端上茶來說：「張先生，茶粗水淡，您就將就用點吧！」

張秀才回到家裡，向妻子說起這事，稱讚了侯太太一番。

妻子不以為然地說：「這有什麼了不起的，難道我就不會說嗎？」

過了幾天，侯秀才來回拜，張秀才客氣地把侯秀才迎進門來，張太太趕緊上前問道：「先生貴姓？」

侯秀才回答說：「小姓侯。」

張太太跟著問：「您是姓公猴的猴，還是母猴的猴？」

侯秀才聽了，忍不住哈哈大笑！

如果家中有這樣的「寶貝蛋」，笑聲必會多過斥責聲。生活中的每一天，我們都會有喜、怒、哀、樂不同的情緒。碰到尷尬的情況，用不同的情緒去面對，就會有不同的結果。

弄「拙」了事不打緊，用幽默心情「巧妙」帶過，笑聲可以解決氣惱。

裝瘋賣傻也能消除焦慮

在呆板的生活中，讓自己出些差錯，做些滑稽舉動來自娛娛人，這樣不但可以為生命注入活力，也可以促進人際來往。

有個笑話說，夢想征服全球的希特勒，有一天來到一間精神病院視察，問一個病人：「你知道我是誰嗎？」

病人望了他一眼，搖了搖頭。

希特勒覺得很掃興，便高聲對病人們宣布：「本人就是戰無不勝的阿道夫・希特勒，你們的神聖領袖。我的力量非常巨大，可以跟上帝相比！」

誰知，病人們並沒有受到任何震撼，只是微笑著，用同情的目光望著他，隨即有個病人上前拍拍希特勒的肩膀說：「是啊，我們開始得病的時候，也像你現在這個樣子呀！」

幾句幽默解嘲的話，可以讓人破涕而笑，消除焦慮感。

有些整人節目集了很多段無傷大雅的整人花招，要人者和被耍者，以及電視機前面的觀衆，最後都是笑容滿面，因爲大家對於自己和對方的反應有一種「驚奇感」。

是的，心情低落的時候，一場輕鬆的談話、耍耍寶、裝瘋賣傻，都可以讓人消除身心壓力。

齊國有個人很健忘，走路常常忘記停步，睡覺常常忘記起床，連吃飯也會忘記要將食物吞下去。

他的妻子聽說艾子說話詼諧，頗有智慧，能使人心眼開竅，就要丈夫到他那裡求教。於是，這個健忘的人騎著馬，挾著弓箭，前去找艾子。

走不到三里路，他突然覺得肚子脹得很不舒服，就停下馬，將箭插在土裡，蹲在路旁的樹叢解手。

方便完後，他覺得通體舒暢，站起身就要走時，突然看見身邊自己插的那枝箭，吃驚地說：「不知誰放的冷箭，險些兒射中了我呀！真是驚險！」

接著，他又瞧見樹下自己拴著的那匹馬，高興地說：「還好，雖然受了一場虛驚，卻得到一匹好馬！」

他正要走過去牽馬時，不小心踩著了自己那堆糞便，氣得哇哇大叫：「是哪條瘟狗拉的屎，呸！呸！」

說著說著，他解下韁繩，將馬掉過頭，騎上去就走。

走呀走呀，馬兒帶他回到家門口他也渾然不知。

這時，妻子正走出門來，他連忙問她：「嫂子，這可是艾子的居所？」

妻子見他的老毛病作，健忘到連自己的家和老婆都忘記了，頓時升起一股無名火，大罵他一頓。

他神情沮喪地對妻子說：「妳我素不相識，何故出口傷人呢？」

聽到他這樣說，老婆也只能無奈地搖搖頭。

這等健忘的人，實在誇張到不可思議的地步，不過，曾否想過，我們活在這個社會，很多時候必須壓抑自己的情緒，不管是爲了自己，或者爲了別人，都必須維持適當的形象，何妨讓自己有點健忘？

情緒長期壓抑下來，就對生活失去興趣，感覺不到生命的活力，這也是爲什麼人們喜歡看喜劇電影、節目的原因。當那些演員賣力搞笑時，我們也就適度釋放出自己的壓力。

裝瘋賣傻並不是喜劇演員的專利，適時的健忘更可以減輕壓力。

在呆板的生活中，我們也可以不按牌理出牌，在無傷大雅的情況下，讓自己出些差錯，做些滑稽舉動來自娛娛人，這樣不但可以爲生命注入活力，也可以促進人際來往。

裝糊塗，才能扮豬吃老虎

真正的高手，是深藏不露的，把自己看得笨拙些，其實是一種更高明的境界，將智慧藏起來，才是大智若愚的幽默法寶。

有個北方人到南方做官，某次出席宴會，席上擺有菱角。他從來沒有見過這東西，便連殼一起放進嘴裡咬了下去，結果「啪」的一聲，牙差點沒咬斷。

同席有個人偷偷告訴他：「菱角要去掉殼才能吃呀！」

北方人知道自己出了洋相，連忙掩飾道：「我當然知道要把殼去掉，我之所以連殼一起吃掉，是想清清腸胃裡的熱毒呀！難道你們不知道菱殼有清熱解毒的效果嗎？真是沒知識！」

那個人聽了，好生奇怪，就問：「北方也有菱角嗎？」

北方人為了不失面子，繼續胡謅說：「這東西北方可多了，前山後山，遍嶺滿坡都長著哩！」

菱角是在水中生長的植物，北方人對菱角生長的描述，無疑是自曝其短。再有學問的人，也不可能盡知天下事，面對未知的人事物時，必定要多點謹慎，先觀察情況，再決定下一步該如何應對。扮豬吃老虎，有時候也是大智若愚的幽默表現。

有個財主聽到許多關於阿凡提的傳聞，又看見那麼多人崇拜他，非常不以為然。於是，便騎著馬，趕了大老遠的路，就為了找阿凡提鬥智。

第二天上午，財主看到一位農人正吆喝驢子犁地，便大聲喊他：「喂，聽說你們這兒有個阿凡提是嗎？我是來找他鬥智的，你去把他叫來吧！」

農人擦著滴下來的汗水，拿起身邊水壺喝了一口，慢條斯理答道：「阿凡提一向神出鬼沒，為人又狡詐，小心上當啊！」

財主沒好氣說：「快把他叫來，我讓他出醜給你瞧瞧！」

農人高興地說：「我從未見過阿凡提輸過誰，今天倒可以開開眼界啦！你就在這裡替我看看毛驢和犁，我立即騎你的馬去把他找來！」財主一口答應，農人便騎上財主的馬，一溜煙跑了。

財主一直等到天黑，卻不見農人身影，只好騎上那頭慢吞吞的毛驢進城裡投宿。第二天一早，財主在城裡看見農人，大罵他是個騙子，農人笑道：「我早就告訴過你阿凡提不好惹，你就是不聽。好啦，你親口承認上當啦！告訴你，我就是你要找的那個阿凡提呀！」財主一聽，羞得無地自容，趕忙溜走。

漫畫劇情中，一個最常見的現象就是，越是能力差的對手，在開始作戰之前，必定大肆宣揚自己的能力！

眞正的高手是深藏不露的，愚蠢又自大的行爲，只會加快失敗的速度。有時候把自己看得笨拙些，自認糊塗，其實是一種更高明的境界。

幽默家並不把智慧放在臉上，而是將智慧藏起來，假裝癡呆，故說蠢言，這才是大智若愚的幽默法寶。

過於省略，容易造成誤會

說話過於簡潔也容易造成誤會，萬一犯了對方的禁忌，就不是一件好事。適當的言詞，才能產生適當的「笑」果。

有一個人要出遠門，又怕有人登門拜訪，就囑咐他兒子說：「如果有人問你令尊在否，你就說他有事外出，請那客人進來坐一會兒，為他送上一杯茶。」

那人知道兒子一向很傻，怕他忘了，還特地將這三點寫在紙上交給他。兒子把紙放在衣袖裡，常常取出來看，生怕忘了。可是，到了第三天，連個客人也沒有，他認為這紙沒用處了，索性就燒掉了。

沒想到第四天忽然來了一個客人，問他：「令尊在嗎？」

他摸摸衣袖，找不到那張紙，就說：「沒有了。」

客人一嚇，急忙問：「幾時沒有的？」

他回答：「昨夜燒掉的。」

說話時，如果沒有注意前後主詞，就很容易鬧出笑話來，這也是生活趣味的一面。雖然要儘量避免這類型誤會，但是也不妨享受一下其中帶來的樂趣。

從前，有個酒鬼昏官，從來不問政事，一天到晚杯不離手。

某天，昏官在後堂喝得醉醺醺的，突然聽到有人擊鼓告狀，立即放下酒杯，踉踉蹌蹌地出來升堂。

一見擊鼓鳴冤的是個窮老百姓，氣他掃了酒興，昏官把驚堂木一拍，喝道：「公堂之地，鬼哭神號，成何體統！來人啊，給我狠狠地打！」

差役們七手八腳將那名窮百姓拖下去按倒，一個差役舉起板子正要開打，突然又放了下來，轉身向昏官稟道：「老爺，打多少呀？」

昏官瞇著朦朧的醉眼，伸出三個指頭，不疾不徐地說：「不可多打，也不可少打，給我打三斤吧！」

有個年邁的父親為自己的呆兒子娶了一房好媳婦。拜完堂，入了洞房後，兒子覺得新奇又不知所措，就問媳婦：「呵呵，我該叫妳什麼呢？」

妻子又好氣又好笑，就回了一句：「閻王爺。」

熄了燈後，夫妻各睡一頭。

妻子見丈夫毫無動靜，就用腳去勾他。呆兒被勾醒後，不知如何是好，只好向睡在隔壁房間的父親「討救兵」。

他大喊：「爹，快來啊！閻王爺在勾我。」

他爹一聽是閻王勾魂，嚇了一跳，就大聲請求說：「閻王爺啊閻王爺，我兒子還年輕，我已經老了，要勾就勾我吧。」

從前有個農夫，為人老實憨厚，入贅給隔壁鄉一戶人家當女婿，鄰人都叫他做「姐夫」。

某一次，有個惡棍欺負他是外地人，就將他家的看門狗打死，拖去煮了吃。他氣憤不過，便要到縣衙門告官。臨走前，請村裡一名秀才替他寫狀子。

秀才問他叫什麼名字，他說：「我自幼是個孤兒，連個名字也沒有，自從入贅之後，大家都叫我『姐夫』，你寫『姐夫』就得啦！」

第二天早上，農夫來到縣衙門，把狀子呈上。縣官看了狀子，把驚堂木一拍，喊道：「傳姐夫上堂！」

眾衙役聽了，便齊聲吆喝著：「傳姑爺上堂！」

縣官一聽，勃然大怒，斥道：「我說傳姐夫，誰叫你們傳姑爺？混帳！」

衙役們慌忙分辯說：「既然是老爺的姐夫，我等就該稱姑爺啦！」

不管是「被燒掉」的父親、「打三斤」的板子、勾魂「閻羅王」，還是縣官的「姐夫」，這類說話過於省略而造成的笑話，常讓人忍不住哈哈大笑。

相對的，過於簡潔也容易造成誤會，萬一犯了對方的禁忌，就不是一件好事。適當的言詞，才能產生適當的「笑」果。

解決之道還是自己最可靠

當我們面對困難時，可以尋求宗教的慰藉來平靜心情，但是最終的解決之道，還是得靠自己。

有一位虔誠信奉上帝的基督徒經過森林時，被突然冒出來的獅子追趕。最後，他筋疲力盡停下腳步，眼看就要被獅子抓到，便放棄那一絲逃命的機會，決定將命運交給上帝。

他突然轉身面對追來的獅子，跪在地上說道：「主啊！」他懇切禱告著：「求您感動這獅子，讓牠成為基督徒。」

話剛說完，張大口正要咬人的獅子立即跪在地上，祝禱說：「感謝主，賜我這麼豐盛的食物。」

想像一頭獅子跪在地上祈禱的模樣，讓人不禁發笑，但也為基督徒感到難過，他沒有把握上帝多給他幾秒鐘的生存機會，卻只是跪在原地等死，即使獅子成了基督徒又如何？依然改變不了獅子肉食的自然法則。

住在草原上的牛群和綿羊時常遭受狼群的襲擊，每天必有傷亡的訊息傳出，牛和羊常常聚在一起哭訴，為自己的將來感到惶恐。在一次死傷慘重後，牠們決定求助偉大的佛祖，為牠們消災解厄。

就在喇嘛們端坐在廟裡誦經唸佛時，牛群和羊兒忽然闖了進來，哭著對喇嘛說：「惡狼天天都來襲擊我們，我們的同伴不知道被牠們吃了多少。慈悲的大喇嘛，請救救我們吧！」

大喇嘛聽了，搖著鈴鼓說：「罪孽，罪孽！小喇嘛，快把狼給叫來，我要幫牠們洗禮，教牠們改惡從善！」

不一會兒，狼群來到大喇嘛面前，瞪著眼說：「叫我們來有什麼事？」

大喇嘛說：「你們願意接受佛祖的洗禮嗎？」

狼看了看警戒圍在四周觀看情況的牛羊們，想了想便一口答應：「我們答應你，從今以後一定改惡從善，絕不傷害牛羊，請為我們誦經吧！」

大喇嘛滿心歡喜，閉起兩眼，手搖鈴鼓，喇嘛們立即誦起經來。牛羊們見狼接受佛祖的洗禮，便放鬆戒心，靠上前來給予祝福。

唸呀唸呀，狼突然豎起兩耳，眼露凶光，不耐煩地說：「真討厭，怎麼還沒唸完呀？肚子都快餓扁了！」說罷，不管三七二十一，往羊群和牛群撲了過去。毫無準備的牛羊們，連轉身逃跑的機會也沒有，就被吞下肚了。

獅子和狼這類兇猛的肉食性動物，要牠們不獵食除非牠們已經吃飽了，這就是動物的本性和野性。這也告訴我們，不要輕易將重要的事情交給他人決定，擁有選擇權，等於多一分成功的機會。

如果牛和羊可以團結對抗狼群，基督徒可以奮力一搏，相信生存的機率也能上升。當我們面對困難時，可以尋求宗教的慰藉來平靜心情，但是最終的解決之道，還是得靠自己。

輯3.

懂得幽默，就能輕鬆溝通

很多遺憾萬分的事，都是起因於溝通不良，
引爆點往往是微不足道的小事。
如果幽默一點，看著自大自捧的人表演，
也是一件有趣的事。

用幽默的方式拒絕讓步

拒絕之後也不傷害到彼此關係，就是一個成功的拒絕法，如果懂得讓幽默來帶領氣氛，說不，不是一件為難事。

現實生活中，我們常常拒絕別人，也常常遭到拒絕，懂得用幽默機智的方式面對，無疑是圓融處世的關鍵。

某間教會來了一個新牧師，為了鼓勵教友作禮拜，用了一種獨特的手法。

第一次對信徒們佈道時，他對大家宣佈：「如果你們不願意讓牧師到你家去看你，那麼每個星期天就要到教堂來。」

人都會有拒絕別人與被拒絕的時候，不管是哪一方，多少都會覺得尷尬、不好意思，不能避免這種狀況時，不妨讓幽默扮演其中的潤滑劑。

美國幽默作家馬克・吐溫聲名大噪後，許多想攀援附勢的人紛紛出現，每天登門拜訪的多不勝數，各式各樣的理由都有，說穿了就是為了和大作家扯上一些關係。

除此之外，馬克・吐溫收到的信件多如雪片，除了仰慕他的讀者外，也不乏這類無聊人士。

其中最特別的，就是將自己的照片寄給馬克・吐溫，並聲稱自己和作家相貌酷似，以此要求作家回答問題，而且為數不少。

他們總是要求馬克・吐溫告知對自己印象如何，未來是否也能像他一樣成為知名人物等等各式各樣的怪問題。

馬克・吐溫非常討厭這些日漸增加的無聊來信，於是擬好一封回信，印製數份，分寄給每個詢問者。

信中內容是這樣寫的：「先生，由衷感謝您的來信和照片。正如您所期望那樣，閣下的尊容比所有那些像我的人更與我相似。我感到非常榮幸地通知您：您之像我，甚至遠遠超過我之像我。每當我早晨修臉找不到鏡子的時候，自然而然就用您的照片來代替了。」

用恭維的方式拒絕對方，不但讓人心情好，又不會傷害到別人，甚至可以感受到自己獨特的幽默感。

有一次，海明威在哈瓦那一場宴會上，遇到一個才無半斗，卻眼高過頂的作家。他纏著海明威交談，希望能攀點關係，好幾次海明威找藉口想脫身，那位作家卻糾纏不休。

直到宴會快結束，那位作家才向海明威表示他的願望：「海明威先生，我早就有心為你寫傳記了，希望你死了以後，我能獲得為你寫傳記的殊榮。」

海明威不喜此人，又不想撕破臉，就笑著回答道：「既然我知道你想為我寫傳記，就不得不設法活久一點了！」

海明威有一個習慣，就是躺在床上讀書、寫作。某一天早上，有個記者要來採訪，他向來不愛出鋒頭，可是又不方便拒絕，只好讓人請他到臥室來。

記者進了臥室，看見海明威躺在床上沒有起身的意思，又找不到椅子坐，只好尷尬地站在那裡。

這時，海明威的太太走進來，看見了這種場景，便說：「你自己躺著，讓客人站著，這像話嗎？」

他想了想，折衷說：「好吧，叫僕人在這裡加個床位。」

海明威的拒絕方式，雖然有些戲弄，卻不失幽默。

拒絕他人，本來就不是一件容易的事，還要視對象拿捏自己的態度，該堅持的時候就不能讓步。這時候，就要運用幽默的說話方式。

拒絕之後不傷害到彼此關係，就是一個成功的拒絕法，如果懂得讓幽默來帶領氣氛，說不，不是一件爲難事。

遭到不平待遇，記得幽默反擊

面對難以解決的情況時，就將所有不快包在幽默話語中反擊回去，不但可以避免互相叫罵的場面，還可以宣洩情緒。

美國作家比徹·斯托曾說：「只要你能用幽默的方式讓對方會心一笑，對方就會不由自主照著你的意思去做。」

確實如此，幽默往往會製造左右他人決定的效果，訣竅是抓準時機發揮幽默感，用巧妙的方式讓對方明白自己的意思。

某個軍營裡，連長經常巡視食堂的狀況，檢查伙食，雖然歡迎士兵批評，但是實際上提出來也沒有什麼用。

有一天，中午推出的菜湯特別難喝，幾乎沒人想動碗。

連長見了便問：「大家對中午的伙食有沒有意見？」

「報告連長，有。」一個新兵大膽舉手說：「我的湯裡有一塊碎布。」

「我的湯也有。」

「我的湯裡有一顆鈕釦。」越來越多的新兵附和。

「報告連長，」這時值星官乾脆說：「要不要清點一下伙夫人數！可能有一個掉下鍋裡去了。」

生活中難免碰到使人不滿，或者無法在當下改變情勢的時候，這時候，幽默式的嘲諷就成爲最好的反擊武器，這種說法藝術可以讓對方尷尬、出糗，卻不能反擊，以免自打嘴巴。

杜羅夫是俄羅斯非常出名的馬戲團丑角演員，某一次演出的休息時間，一位觀眾走到他身邊，半笑著撇嘴問：「丑角先生，你非常受到觀眾歡迎吧？」

「還好。」杜羅夫謙虛回答。

「想要在馬戲團中受到歡迎的丑角，是不是就必須具有一張愚蠢且醜怪的臉蛋呢？」觀眾傲慢且自大地說。

「確實如此。」面對觀眾的嘲諷，杜羅夫一點也不生氣，回答說：「如果我能生出一張像您那樣的臉蛋兒，一定能拿到雙薪。」

英國首相邱吉爾常常受到來自各方的惡言攻擊。在一次議會上，一位女議員恨恨地對他說：「如果我是你的妻子，就在你的咖啡裡放毒藥。」

邱吉爾也馬上回答道：「如果我是妳丈夫，我就馬上把它喝下去。」

美國總統林肯從來不擺架子，有些事只要自己能解決，就儘量不讓別人代勞，包括一些日常瑣事也不例外。

有一天，某位外國外交官看見林肯在擦自己的靴子，便帶著嘲諷的口氣問他：「嗯，總統先生，你經常擦自己的靴子嗎？」

在這位外交官看來，總統自己動手擦靴子，未免有失體統。

林肯答道：「是啊，難道你經常擦別人的靴子嗎？」

某位參選議員落選後被說服參加那些曾攻擊過他的獲勝者招待會。最後請他發言時，他說：「我要向那些和我一同競選對手的誠實表示衷心祝賀，他們說過，任何一個最愚蠢的人都可以戰勝我！」

安妮．蘭德斯是美國《太陽時報》的專欄作家，以機智幽默聞名。在一次大使館的招待會上，一位相當體面的參議員向她走來，開玩笑說：「妳就是安妮．蘭德斯吧，說個笑話吧！」

安妮小姐毫不遲疑地答道：「你是政治家，說個謊話吧！」

諷刺式的幽默，可以沖淡不愉快的氣氛，以及不悅的心情，對付那些不懷善意的人，不但可以避免互相叫罵、耗損形象的場面，還可以宣洩情緒，甚至爲自己博得機智美名。

面對難以解決的情況時，就要將所有不快包在幽默話語中反擊回去，以其人之道還治其人之身，尤其身處是非之地的人們，更需要具備這樣的言談技巧，才能適時保護自己。

能夠自嘲就是充滿自信

只有自卑的人，才無法拿自己開玩笑，真正有自信的人，可以知道自己的優點，面對自己的缺點，並接受它。

一對夫妻翻著相簿，回憶當年認識的往事時，丈夫對妻子說：「親愛的，那時候的妳，擁有可口可樂般的身材呢！」

「親愛的，」妻子微笑答道：「我現在仍然有可口可樂的身材，只不過現在是兩公升裝的而已。」

外貌、身材常是人們最在意，也最容易被拿來開玩笑的話題。很多人無法面對自己的「不夠完美」，長期生活在被人當作話題的陰影下，不免自卑自棄。

遇到這種時候，就要設法用幽默的方式應對，只要能勇敢面對，在談笑裡像文中的妻子般自嘲，反而能淡化缺點，讓人覺得可愛。只要有自信，就會散發出喜悅氣氛，吸引他人的注意，這時要和人打成一片就更容易了！

從前有個百萬富翁，胖得像頭大肥豬。到了夏天，常常因為天熱難耐，只好躺在大廳上乘涼，可是就算大廳所有的門窗全都打開，他還是熱得渾身大汗，流個不停。

富翁熱得受不了，連忙將僕人喚來，要他為自己搧風。僕人拿來一把大扇子，不停地替他搧著，他嫌不夠涼快，叫僕人出點力猛搧。

搧了半天，富翁才覺得心裡和身體的暑氣全消，摸一摸身上，半滴汗珠也沒有，不禁心情大好，笑著說：「咦，我的汗哪裡去了呢？」

僕人又累又熱，一邊擦著額頭上豆大的汗滴，一邊沒好氣地答道：「老爺，您的汗全都跑到我的身上來啦！」

美國幽默作家班奇利在報上發表的一篇文章中寫道，他花了十五年時間才發現自己沒有寫作的才能。

有位讀者沒能體會出作家是以幽默的語言，表達謙虛的意思，竟十分認真地寫了封信給作家，在信中勸他說：「你現在改行還來得及。」

班奇利回信給這位讀者說：「親愛的讀者先生，來不及了。我已無法放棄寫作，因為我太有名了。」

拿自己開玩笑，面對自己的錯誤或缺點，不但可以幫助自己勇敢面對它，甚至能將缺點轉爲優點，反讓人留下深刻的印象。

一位獸醫半夜接到一個老太太打來的電話。

「對不起，打擾你了。我的兩隻小狗搞在一起，無法把牠們分開。」

「朝牠們身上澆桶冷水。」獸醫邊打哈欠邊建議。

「我已經這樣做過了，可是牠們根本不理會。」

「那麼……妳可以用棍子打牠們。」

「這個我也做過了，可是牠們依然如故。」

「好吧。」獸醫無可奈何地說：「把電話放好，抱牠們到電話旁邊，等會我打個電話給牠們。」

「這樣會有效嗎？」老太太疑惑地問。

「當然有！」獸醫不悅地回答：「妳剛才就是那樣把我們分開的。」

獸醫爲了安慰自己閨房之樂被中斷的苦處，只能自我解嘲。

自嘲是一種圓融處世的幽默藝術，除了可以解決生活中大小不愉快的事外，還可以幫助自己更有自信。自嘲和貶低自己是不同的，是在不傷自尊的情況下，用幽默的態度面對自己的缺陷，讓別人了解，並且體諒。

適時的自我調侃可以化解尷尬場面，只有自卑的人才無法拿自己開玩笑，真正有自信的人可以知道自己的優點，面對自己的缺點，並接受它。

用誇張的幽默打破冷漠

「誇張幽默」有恐嚇意味，但是換個角度想，這也是一種另類關懷法，可以打破橫阻於彼此之間的沉默與冷默。

對於交通安全的勸導，說再多好話也沒用，有時只有用誇大的「死亡標語」才會讓駕駛員多一點警戒。

馬來西亞柔佛市的道路旁，到處張貼著交通部製作的海報，上頭寫著：「閣下駕駛汽車，時速不超過三十英哩，可以欣賞本市的美麗景色；超過六十英哩，請到法庭做客；超過八十英哩，歡迎光顧本市最新醫院；要是上了一百英哩，就踏上通往天堂之路！」

墨西哥一個邊境小城市入口處，也懸掛著一些醒目又幽默的交通告示：

「請司機注意，本城一無醫生、二無醫院、三無藥品。」

「不要拿生命做賭注——這是你唯一的王牌。」

「此處已摔死三人，你願意做第四個嗎？請加速向地獄飛奔吧！」

誇張的幽默，不但讓人印象深刻，也可以忘卻痛苦，添一點樂趣。正確來說，就是將「痛苦」提出來，用誇張的手法將它放大，再去看它時，就會有不同的感受，讓人因此轉移注意力，避免繼續鑽牛角尖。

從前有個人，自小做事就是隨隨便便、馬馬虎虎的，嘴裡老是說著這樣一句口頭禪：「三九二十九，大數勿走，差不多，差不多！」因此大家都他叫「差不多先生。」

有一天，鄰居見差不多先生家裡的一堵泥牆快要倒塌，便勸他趁早拆下重修，以防不測。

可是，他只用一根木頭撐一撐，說道：「三九二十九，大數勿走。何必花費，這一撐也就差不多啦！」

話才剛說完，「危」牆轟地一聲塌了下來，把他壓在底下。

差不多先生的傷勢很重，老婆叫孩子去請醫生，一會兒孩子回來說：「醫生到外村出診了，晚上才回來。」

老婆著急地問：「還有別的醫生嗎？」

孩子答道：「醫生倒還有一個，可他是個牛醫。」

差不多先生聽了母子兩人的對話，勉強開口說道：「趕快把他請來，醫牛跟醫人其實也差不多……」

就這樣，牛醫被請來了。他用醫牛的方法替差不多先生醫治內傷，不但沒有把他治好，反而使病情加劇。

眼看差不多先生快死了，老婆孩子個個哭成淚人兒，差不多先生卻用最後一點力氣說：「別傷心……死人跟活人除了少一口氣……其他的也差不多……」

看完了差不多先生的遭遇，讓人很難爲他感到難過，甚至會想大笑，誇張的幽默可以讓人放鬆心情，不再執著於「死亡」這件事。

有時候人們會認爲，「誇張幽默」有恐嚇意味，但是換個角度想，這也是一種另類關懷法，可以打破橫阻於彼此之間的沉默與冷默。面對誇大又好笑的「安慰」，至少有一半的憂慮會被笑聲趕走。

試著欣賞、運用誇張的幽默，它能帶你走出人際交往的困境。

幽默的態度可以避免正面衝突

幽默的態度能避免正面衝突，使爭執場面和緩下來，適時的自嘲則能化解緊張氣氛，把危機變為轉機。

老王在街上匆匆忙忙趕路，不小心撞到一位路人，兩人都跌倒在地。老王自知理虧，又怕對方罵人，便先說：「真是不好意思啊！我的眼睛不好，不僅近視，度數還破千，簡直就像個瞎子。您沒事吧？」

對方原本難看的臉色，一聽到他這樣說，便笑著道：「真巧！原來我們都是近視一族啊。我的眼睛也不太好！」

說完，兩人便大笑幾聲，互相扶起，和氣道別離開。

遇到問題時，如果對方氣在頭上，或者心懷不軌，正面衝突常常會導致更糟的下場。想辦法讓對方平息怒氣、轉移目標，甚至言行「自貶」，都不爲過，最重要是能自保。

路人被撞倒後，聽到老王的幽默自嘲，也就釋懷了。但是，有許多人被撞到的第一個反應往往是破口大罵：「你是瞎子，不會走路啊！」

這樣不但讓雙方不愉快，也可能爲自己帶來災害。若能像老王一樣，開自己玩笑，雙方愉快和解，那就更好了。

美國費城盜賊猖獗，搶劫事件頻傳，人們為了保全自己生命，外出時都會準備幾塊美元放在身上，被劫時乖乖奉上，避免強盜搶不到錢憤而殺人。

有一次，著名心理學家湯姆遜外出辦事，回程時天色已晚，整條街上靜悄悄的，連個人影都沒有。

他摸一摸舊大衣內的兩千美元，心裡不免擔憂起來。

湯姆遜全神警戒快步走著，來到一處轉角時，突然聽到身後多了一道腳步聲，不管他如何調整速度，或快或慢，怎麼也甩不掉這個人。

藉著地上的影子，湯姆遜判斷對方是個高大的傢伙，自己毫無勝算。

突然，他急中生智，冷不防地轉過身，朝那大漢迎面走去，用淒慘的聲音對大漢說：「先生發發慈悲，給我幾個錢吧！我餓得快發昏了。」

戴鴨舌帽的彪形大漢打量著他，見他一副寒酸相，嘟囔著說：「倒楣！我還以為你口袋裡有幾百美元哩！」

大漢說完，隨即從口袋裡摸出一點零錢拋給湯姆遜，然後把衣領豎起來半遮著臉，很快閃進黑暗的角落去了。

傳說唐伯虎爲了躲避出仕，不惜廣納妻妾，敗壞自己的名聲；秦朝將軍王翦怕軍權過高，秦始皇對自己有所顧忌，三番兩次向秦始皇請求賜予田宅。

這種預防方法，雖然不免「污」了自己的名聲，卻能保住自己的性命，也算一種高明之策。

心理學家湯姆遜就是利用這種方式，讓搶匪以爲自己鎖定的大魚甚至比泥鰍還不如，連搶奪意願都沒有，甚至自認倒楣丟給他幾塊零錢了事。

幽默的態度能避免正面衝突，使爭執場面和緩下來，適時的自嘲則能化解緊張氣氛，把危機變為轉機。

或許，向人賠罪或者自貶、自嘲，有損「形象」，但是只要想想，這麼一點「讓步」，看在對方眼裡，也必定能感受到你的心意，結果可以皆大歡喜，不也是一件美事？

創造驚奇，引起別人的注意

烙在心裡的第一印象是很難抹滅的，一開始給人好印象，就成功了一半，懂得用幽默的態度把握好第一次，就能擁有最美的結果。

一位年輕美麗的太太，陪丈夫參加校友聯歡會。

那天天氣很熱，他們開著一部敞篷車，途中，一隻黃蜂飛到她低胸的上衣前，在她胸口上猛螫了一下。就這樣，在這個週末的聯歡會上，她的「第三乳房」成為取笑對象。

五年後，時間好不容易使創傷平復，在丈夫遊說下，她再度參加校友聯歡會。在這次會場中，所有人都認得她，卻沒有一個人記得她丈夫。

很多事情都會被遺忘，只有「趣事」不容易消失，尤其是最初的印象。當我們第一眼就能讓對方感到「驚奇」、「好玩」，接下來就算進行的是無聊的話題，也會變得有趣。

不管是使用語言、姿勢，或肢體語言都可以引起他人的注意力，將幽默感注入「驚奇」，會有事半功倍的成果。

阿凡提擁有成群的兒女，生活開銷自然不少，全家常常處於衣食無著的狀況。有一天晚上，他站在院子望著天空自言自語，隔壁一個大富翁看見他奇怪行為，好奇的豎起耳朵靠近圍牆，想弄清楚阿凡提說些什麼。

只聽阿凡提大聲祈求著：「真主，您的寶庫是用之不竭的。為何不給每個窮人一千銀幣呢？要是給了，也不會減少您的財富呀！萬一您很吝嗇，就什麼都不要給，少一文我就不要了！」

聽清楚阿凡提話語的財主，心生歹念，想要捉弄阿凡提一番，於是用錢袋裝了九百九十九個銀元，隔著牆用力拋到阿凡提面前，然後悄悄爬到屋頂上看動靜。

阿凡提聽到物體落地聲，一看是個錢袋，就高興地撿起來，打開一數，還差一元才夠一千。

他以為掉了一個，便在院子裡仔細尋找，可是找來找去就是找不到，只好大聲地說：「真主，我想仁慈的您，是想給我一千銀元的，只不過因為事務忙亂才少數了一元。我沒有理由怪您，只好接受您的恩賜啦！」

財主聽見了，慌忙從屋頂上喝道：「那錢是我的，快把錢袋還給我！」

阿凡提說：「真主救濟窮人的錢，你也想吞掉嗎？」

財主急得快哭出來，忙著解釋：「你剛才說要真主給你一千銀元，少一文也不要的，所以我想試探你一下，才拋給你九百九十九個銀元。阿凡提，我這是開玩笑的呀！」

阿凡提笑道：「原來你在跟我開玩笑，不是真的想奪我的錢，那就謝謝你，再見囉！」說罷，立即跑回屋裡。

仔細推敲，阿凡提眞的在向上天祈求恩賜嗎？

當然不是，他只想藉著奇怪的動作和有趣的言語引起富翁注意。等到富翁上當後，在半開玩笑半認眞的情況下把錢納爲己有。

烙在心裡的第一印象是很難抹滅的，一開始給人一個好印象，就成功了一半。如同電影預告片，總是剪輯最精采、最有趣的片段引發人們觀看的慾望。

說話的藝術也是如此，和陌生的朋友、客戶碰面，只要懂得用幽默的態度把握好第一次，就能擁有最美的結果。

懂得幽默，就能輕鬆溝通

很多遺憾萬分的事，都是起因於溝通不良，引爆點往往是微不足道的小事。如果幽默一點，看著自大自捧的人表演，也是一件有趣的事。

幾對年輕夫妻聚在一起聊天，其中一個男人說：「夫妻之間不能談真理，因為真理太冷酷了。」

話才剛說完，他的妻子便跳了起來，大聲反駁：「怎樣，你有什麼不能和我談的？你和我應該要無所不談才對！」

這個男子看著怒氣沖沖的老婆，仍然帶著微笑說：「各位請看，我剛才說的話當場應驗了。」

世界上要找到一對性格完全契合，不會有任何爭吵的伴侶，幾乎是一件不可能的事，尤其在這個年代，獨立人格被重視，兩人的關係若建築在其中一方的忍氣吞聲，這份感情必定有所缺憾。

但是，爲了找到契合的另一半，在擇偶或者選擇來往對象前，都要先合八字、命盤，才能進一步交往嗎？

如果眞是這樣，到時候累死的肯定是自己。

會起爭執必定事出有因，最大的問題就在於溝通不良，再加上彼此欠缺幽默感，固執、不肯讓步，事情才會一發不可收拾。

從前有對夫婦，兩個都是有名的吹牛大王，常常因為誰也不肯讓誰而鬧得天翻地覆，人仰馬翻。

有一天，妻子口沫橫飛地對丈夫說：「牛皮不是吹的，泰山不是堆的，天下最了不起的是我們女人家，連山也能扳倒呢！」

丈夫不信，妻子振振有詞說：「你說婦人的『婦』字是怎麼寫的？不是一個

『女』字加一個倒山（ヨ）嗎？這就說明婦女能扳倒山啊！」

丈夫聽了也不甘示弱，回嘴說：「這有什麼了不起的，我們男子漢更厲害，天也能通哩！」

妻子不相信他的話，說他吹牛，丈夫得意地答道：「你說丈夫的『夫』字是怎麼寫的？不是『天』字通上去嗎？這就說明丈夫能通天哪！」

就這樣，兩人吵了起來，都認為自己有理，不肯讓步。吵到最後，甚至動起了拳腳，結果就這樣鬧到公堂上。

縣官在吵吵鬧鬧中，好不容易聽清楚兩人的問題，翻遍刑律，卻怎麼也找不到吹牛該當何罪。正在著急時，靠吹牛進到衙門的師爺在一旁見了，怕他們倆將來強過自己，趕緊寫下幾行字給縣太爺：

媳婦扳倒山，丈夫能通天。
兩人若留後，禍患不堪言。
不如早動手，打發下黃泉。

縣官看罷，糊裡糊塗拿起硃筆，在後面批上「立斬」兩字，真的打發這對夫婦到黃泉去了。

爲了一丁點小事而喪了命，實在可惜。想必他們夫婦倆到了黃泉，連閻羅王都會受不了。可是，生活中，類似這樣的事情還眞是層出不窮，很多遺憾萬分的事，都是起因於溝通不良，引爆點往往是微不足道的小事。

如果每個人都要把自己的見解強壓在別人身上，不管對方接不接受，也不管對方反應爲何，那麼紛爭永遠不斷，不論關係親如血緣，或是只有泛泛交情，起衝突只是時間早晚的問題。

如果幽默一點，能換個思維，就當對方是在「吹牛皮」，笑笑地姑且聽之，那麼問題根本不會產生。

退一步海闊天空，看著自大自捧的人表演，不也是一件有趣的事嗎？

別讓時機從笑聲中溜走

每一個季節的來臨跟轉換，對成功人士來說都很重要，把握每一道陽光、每一場雨水，才能迎接豐收的季節。

病人：「護士小姐，醫生有沒有吩咐妳送安眠藥來啊？」

護士：「沒有啊！」

病人：「如果再不拿來，我就要睡著了。」

有過失眠經驗的人應該了解，睡意來臨時，若沒有及時把握，過了那段時間，想要進入夢鄉就沒有那麼容易。但是，當你快睡著的時候，還硬撐著等安眠藥送到，那反而是一種本末倒置的行爲。

曾有人說過一句頗富哲理的話：「人可以在現階段判斷一切，卻疏忽『現在』只有一分鐘可以讓你判斷。」

時間是屬於人類的專利，也是專門對付人類的武器，每一個時機都必須注意。它不像在高速公路上，錯過了一個交流道，可以在下一個交流道回頭，時間一旦過去了，就過去了。

深山裡的小屋中住著兩兄弟，有一天兩人一同外出打獵，才到走一半就看見天空有一群大雁飛過。兩人馬上張弓搭箭，哥哥一邊瞄準一邊對弟弟說：「這群大雁很肥，射下來清燉吃，味道保證不錯！」

弟弟連忙反對說：「不，射下來一定要做成紅燒雁。紅燒雁又香又酥，比清燉雁好吃多了！」

兄弟倆為了這件事起了爭執，於是放下弓箭，一個勁兒地爭論了老半天，誰也不讓誰。

後來，他們知道這樣下去不會有結果，便一起去找一位住在附近的老先生評理。

老先生聽完後說：「這個好辦，你們把射下來的雁分作兩半，一半清燉，一半紅燒，問題不就解決了嗎？」

兄弟倆聽了，高興地說：「這真是個好辦法！」

他們謝了老先生，就趕緊回頭去射雁，可是回到原地方一看，卻已經找不到大雁的影子了。

從前，廣東住了個富翁。有一次，他叫夥計到杭州去辦貨，但是從廣東騎馬到杭州，少說也得花上一兩個月時間，因為路途遙遠，富商放心不下，於是囑咐夥計說：「你在杭州要是遇到重要的事情，千萬不要擅自作主，先捎個信回來，等我回了信你再做處置。」

一天下午，富翁坐在廳前喝茶，心裡記掛著杭州辦貨的事，突然，僕人送來一封夥計託人帶來的書信，便急急忙忙拆開。

信還沒讀完，他就氣得七竅生煙，跺腳直罵：「真是飯桶，草包！」

原來，信裡面寫道：「我身上帶的銀兩，剛才全被小偷偷走，那小偷還在酒樓裡面，特此奉上書函，請問要不要把他抓起來？望速速覆音杭州。」

有個財主外號叫「財迷蟲」，聽說木材在城裡可以賣到很好的價錢，便和兒子一齊上山打柴。

柴砍到一半，樹林裡突然跳出一頭猛虎，一下撲過來用前爪將財迷蟲壓住。走在後面的兒子見了，衝上來要救父親，財迷蟲見兒子舉起斧頭正要向老虎劈下去，慌忙嚷道：「老皮價格昂貴，不能用斧頭砍，你用扁擔打吧！」

兒子馬上丟了斧頭，拿起扁擔，可當他舉起來要打的時候，財迷蟲又大叫：「別將老虎打死，用繩子捆住它，活虎比死虎值錢呀！」

兒子又連忙扔掉扁擔，去找捆柴的繩子，好不容易找到繩子，財迷蟲已被老虎咬死，叼著往山頂跑去了。

作家黑幼龍曾經說過：「天底下每樣事情都是有季節的，成功者的一生是很多成功季節的過程。」

每一個季節的來臨跟轉換，對成功人士來說都很重要，把握每一道陽光、每一場雨水，才能迎接豐收的季節。

像烏一樣飛逝的時間裡，也能像烏龜一樣慢慢爬，最麻煩的是，許多人永遠搞不清該快還是該慢。

當我們笑看這群不懂得把握時機的「愚民」時，也要回頭看看自己，是否也曾爲了芝麻綠豆小事，錯失了得來不易的機會。

大笑不只能快樂，也能健康

「笑」是一種最方便的運動，不需要任何裝備，也不必滿頭大汗。發揮幽默感，帶著身旁的人，笑出健康和快樂來！

一個顧客從藥店買完藥出來，才走沒幾步，藥店的夥計便追了上來。

夥計急急忙忙說：「對不起，您要的是補藥，我錯把毒藥給了您。」

顧客好心地說：「你看你，差一點出了大事。」

誰知道夥計竟然回答：「可不是嗎?老闆要是知道了，肯定會罵我，毒藥可比補藥貴一倍呢！」

當你看完這則笑話哈哈大笑時，恭喜你，你已經服下一帖最棒的補藥！

根據醫學研究指出，大笑二十秒等於用力划船三分鐘。笑，能幫助肺部運動，促進血液循環，是一種身體內部器官和系統的運動。

有一戶人家都有些傻呼呼的。一天，這家老頭子把一大筆錢交給了兒子，要他到市場上去買個家奴回來，並對兒子說：「聽人家說，長安人賣家奴，大多不讓家奴預先知道，總是把人藏了起來，然後再悄悄商議，以便討價還價。這種方式買來的才是好的家奴，你要切記！」

那個兒子到了市場，東晃晃、西逛逛，經過一家賣鏡子的商店。一看，鏡子裡有個人年紀又輕，身體又好，他以為是店主人想賣掉一個好家奴，故意把人藏在鏡子裡。他不知道鏡子映出來的是自己的影子，竟傻傻地指著鏡子問店主人：「你這個家奴要賣多少價錢？」

店主人一聽，就知道他是傻瓜，故意騙他說：「這個家奴值十千錢。」

那個兒子爽快地付了錢，抱著鏡子就回家去了。快到家時，只見老頭子早就倚在門口迎接了，待他走近就問：「你買來的家奴在哪裡？」

「嗯，在我懷裡呢！」兒子回答。

「拿出來看看，好不好？」老頭子提議。

兒子於是拿出鏡子，老頭子一看，鏡子裡的人眉毛鬍鬚已雪白了，臉孔又黑又皺，頓時大發脾氣，伸手就要打兒子：「你這個笨蛋，怎麼花了十千錢去買了個這麼老的家奴回來，豈不太貴了！」

兒子嚇得逃進房裡，向老娘求救。老娘就扶著媳婦一起出來，對她老伴說：「也讓我瞧瞧。」

老娘一看，就埋怨起老伴來：「傻老公，我兒子只用十千錢就買了一老一小兩個女傭人來，你還嫌貴嗎？」

這一說，老頭子才高興起來，不再打兒子了。

又有一天，老娘叫兒子去買肉，叮嚀說：「路上當心點，不要被狗吃掉肉了。」

兒子到肉店買好肉，請店裡的人在肉皮上寫上「狗勿吃肉」四個字，就拎著肉回家。半路上，兒子碰到一位朋友，兩個人就站著閒聊起來。

朋友說：「我兒子今年兩歲，你女兒剛好一歲，咱們就結個親家吧。」

他一口答應，就在同時，肉被一旁的狗吃了，手裡只剩根繩子，但他都完全沒察覺。

回到家後，妻子問：「肉呢？」

他一看肉沒了，就說：「不要緊，狗會送回來的，我在上面寫了字。」

接著，他把配親的事告訴妻子，妻子一聽，立即跳了起來嚷嚷道：「你這個呆子呀，人家兒子二歲，我們女兒一歲，大了一倍，將來女兒二十歲，女婿就四十歲了，你要讓女兒嫁給老頭子啊？」

兩人為了這事吵了起來。

老娘聽見了，急忙跑出來問：「為什麼吵架？」

媳婦就把女兒配親的事講了一遍，婆婆一聽，說道：「這事不打緊，孫女兒今年比人家小一歲，明年就同歲啦，到時再對親，不是一樣歲數了嗎？」

大家一聽，都說：「對對對！」為此高興不已。

你是否也張大了嘴爲這一家「呆子」而笑呢？「笑」是一種最方便的運動，不需要任何的裝備，也不必滿頭大汗。

要怎麼大笑呢？這時候，就要仰賴「幽默感」當藥引子啦！發揮幽默感，帶著身旁的人，笑出健康和快樂來！

不要把機智用在掩飾錯誤

要找一個好的藉口理由來掩飾錯誤不難，

但問題始終存在，終有一天總會揭開，

我們也無可避免要面對。

把路走絕，難免吃虧

很多時候，承認錯誤並不可恥。堅持己見不一定會把路走絕，卻一定會把自己的路越走越窄。

美國自然主義作家愛默生曾經這麼說：「對事理的強姦，不僅是說謊者與好辯者的一種自殺，而且也是對人類社會健康的一種傷害。」

不懂得替人著想的人總是說：「只要我喜歡，有什麼不可以！」只顧自己、不三思而後行的結果，經常造成社會的負擔、他人的不便，也會讓自己出糗。

一天，阿呆與阿瓜在百貨公司裡一邊抽煙一邊聊天。

店員看見了，趕緊上前去勸阻：「先生，我們這棟大樓是禁菸的，請不要在這裡抽煙。」

「奇怪了，你們百貨公司裡頭賣煙，卻不准客人抽煙，這是什麼鬼道理啊？」阿呆忿忿不平地說。

店員聽了，不卑不亢地回應道：「我們百貨公司裡頭也有賣保險套，你們要不要在這裡做愛呀？」

現實生活中，我們常常遇到這種沒有公德心又振振有詞的人，這位店員懂得順著對方的邏輯應對，無疑是「用幽默回敬對方」的最佳示範。

看完這個笑話，我們也該時時提醒自己不要讓人看笑話。

俗話說：「不聽老人言，吃虧在眼前。」

所謂的「老人」，不一定年紀有多老，他可能在年齡上不比你大，可是心智卻比你成熟；他可能在社會地位上不比你有成就，卻剛好看到了你沒有看見的眞理。

所謂的「吃虧」，也不一定就是吃眼前虧。有些事情或許可以讓你得到眼前的利益，卻可能會在不遠的將來擺你一道，讓你防不勝防，也避無可避，誰叫種下禍端的人就是你自己！

很多時候，承認錯誤並不可恥。堅持己見不一定會把路走絕，卻一定會把自己的路越走越窄。

很多時候，改變自己並不可怕。當你成功扭轉自己的觀念時，你會發現世界也因你而改變了！

一句忠言勝過十句讚美

學著把人們的批評視為好心建議，然後聰明地將人們的意見聽進去，如此才能順順利利地成就美好的未來。

司機先生不滿地說：「豈有此理，你怎麼嫌我開車技術差，拜託，我開車已經有十五年的經驗了，怎麼可能很差！被我載過的人沒一個不滿意啊，我從來都沒聽誰說過不滿意的！」

客人問：「是嗎？對不起，請問，您以前在哪裡服務？」

司機先生滿臉驕傲地說：「我以前是開靈車的。」

聽完司機之前的工作經驗，想必聰明的人已發現他的問題所在。他的問題其實很簡單，過去他聽不見批評的聲音，即使犯了錯，即使開車技術眞有問題，也不會有人提供意見，因爲坐在他車上的人都是些再也發不出聲音的人，於是，他一直認爲自己是對的，一直認爲自己是優秀的。

正因爲從未被人糾正錯誤，所以司機一直不知道自己的問題，即使有錯，也認爲是別人的錯，即使技術眞的不佳，也認爲是活人有心針對計較。

沒有人喜歡被批評，更沒有人喜歡被糾正，但是忠言逆耳，一味地讚美對我們無益，與其反駁，不如認眞反省自己是否眞的不足，或許更有益於自己未來的發展。

反之，若是一味地選擇逃避或拒絕批評，只會落入錯誤的循環中，一如下面這個狀況。

火車一再誤點，導致火車站內擠滿了許多無法如期搭上車的乘客，部份月台上的乘客因為無法再退回車站內，因而與站務人員爆發了口角。

這時，有一名乘客大聲地質問站務人員：「我真搞不懂你們為什麼要印火車時刻表？」

沒想到站務人員竟然這麼回答：「其實我也不知道，不過如果沒印火車時刻表，你就沒辦法準確說出火車誤點的時間，不是嗎？」

「……」旅客瞪著站務人員，卻一句話也說不出來。

每個人都有情緒，可是面對人們錯誤指正時，聰明的站務員應該做的不是安撫或像故事中一樣自以爲幽默地辯駁，而是坦誠失誤並且誠心道歉，如此才能獲得人們的諒解。因爲，不管原因、理由多麼正當，推卸責任總是讓人不悅，能夠面對錯誤才能贏得旅客的信心和信任。

學著把人們的批評視爲好心建議，然後聰明地將人們的意見聽進去，如此才能順順利利成就美好的未來。

別忘了，沒有人是十全十美的，眞正的完人總要等到人生結束時，才從別人口中聽見他們如何無止盡地學習，如何積極地改進自己，終至完成一個讓人欣羨敬佩且無悔無憾的人生。

懂得輕鬆溝通，就能進行良性互動

如果開會流於長官教訓或下屬報告，只會變得越來越公式化，互動自然難見熱烈。希望上下互動熱烈，懂得溝通，就能進行良性互動。

「你知道嗎？在南非某個部落有個很不錯的演講規矩，他們演講時必須單腳站立！」台下一個男子對著身邊的人說。

「為什麼？」朋友不解地問。

男子小聲地說：「因為，那個部落認為，冗長的說話對演講者本身和聽眾來說是有害的，所以演講人一站上講台便得單腳站立，只要另一隻腳一碰觸到地面，便得終止發言。」

男子的朋友冷笑一聲說：「如果我們敬愛的演講者老是把時間拖得那麼晚的話，

這個規則倒不失是個好法子。」

聽演講聽到想打瞌睡的經驗，想必不少人都經歷過，再聽見這個規矩，想必讓不少人忍不住肯定點頭吧！

其實，防治冗長談話的方法，畢竟只能治標不能治本，關鍵在於演講者知不知道聽衆的痛苦。

就演說者來說，不必怕話太多，該擔心的應是題材是否準備得夠豐富，是否懂得如何表現，才不致於讓演說變得空洞貧乏，讓人覺得無趣、浪費生命才是。

換個角度說，演講者應該增強演講內容，精進演說技巧，與其怪責聽衆不夠專心，不妨想想，爲什麼自己不能精采表現，讓人未察覺時間的流逝，或是讓人捨不得說結束呢？

還有一種情況與演講相似，那便是「開會」，當員工態度鬆散、活力缺乏時，公司便要開始思考，要怎麼推動會議才不致淪於「大拜拜」，而能眞正達到充分溝通與互動，這才是提升「執行效率」與「公司活力」的要點。

董事長問新上任的總經理：「每當各部門經理開會時，他們總是懶懶散散的態度，漫不經心且心不在焉的，不知道你是否已經想好辦法整頓他們？」

總經理胸有成竹地說：「這還不容易？撤掉記錄員，然後立出新的規矩，每次開會結束之後，我們才宣布要由哪位經理負責記錄。」

董事長一聽，頻頻點頭！

在這個事事講求效率的時代，公司領導階層總是要求員工們要有卓越的工作效率，要有超凡的能力，人力最好具多功能用途，但有些時候，領導者卻忽略了自己的責任。

或者，我們應該想想，爲什麼員工向心力不足，又爲什麼總是提不起勁？畢竟人是互動的，從互動過程中，總能找出原因和理由。暫時丟開上下關係的隔閡，暫時擱下工作進度的期待，無論任何情況，我們都不能忽略了人的重要性。

人是團隊中最重要的資源財富，如果連他們的心情、想法都不能掌握，又如何能產生團隊向心力？

看到員工顯得懶散、動力不足，領導者不妨先想想，是什麼原因讓他們少了動力，是不是溝通出了問題，或是其他不良因素讓他們失去了信心，甚至失去了前進的動力！

如果開會流於長官教訓或下屬報告，只會變得越來越公式化而已，互動自然難見熱烈。希望上下互動熱烈，希望能看見員工活力旺盛，那麼就放手讓他們表現自己，無論他們意見多不成熟，多不合乎市場效益，最重要的是，讓他們相信自己，激發他們工作的熱情活力。

如此一來，效率自然能展現，向心力自然能看見。

懂得輕鬆溝通，就能進行良性互動。

把話說得巧，效果會更好

想整治惡人，不必怒目相向，也無須正面對抗衝突，高明巧妙的譏諷或行動，不只大快人心，而且效果更好。

神父對著台下的信徒說了這麼一個故事：

很久以前，有一個可惡至極的大壞蛋，在他去世的時候，家人原本要將他土葬，但棺木才放入墓穴中不久，沒想到竟被大地吐了出來。

後來，家人決定改以火葬，但沒想到連火也拒絕合作，堅持不想沾附惡人的身體，火怎麼也點不起來。

家人想盡辦法始終無法讓屍體安葬，最後只好將屍體丟棄在狗群面前，好讓狗兒能將這個「棄物」解決乾淨。

悲哀的是，連那群狗兒也不願意碰觸他的屍身！

說完故事，神父最後做出了結論：「你們要小心哪！千萬不要落到像他那樣的下場。面對神，一定要忠實虔誠，如此一來，當你們蒙主寵召的時候，才能好好地躺在泥土裡面，祝融才肯幫助你們火化升天，狗兒也才會願意吞了你們的屍體，幫助你們重生！」

寓言雖然簡短，卻極其清楚地傳達了故事人物的「惡」，因爲天地不容，所以惡人連死也找不到安葬地，即使家人有心幫忙讓惡人早早入土爲安，但就連火和狗也不屑一顧。

聰明的人應該發現了，這添加的魔幻情節中其實偷偷藏了一個眞相。

那便是，萬惡不赦的人難得人們的原諒，至於家人們，因爲始終多了層血緣關係，不得不幫忙。

不過，若從另外一個角度而言，神父說的話未免太玄了，試圖用寓言闡釋道理，不見得有什麼效用，不如下面這位半仙說得巧妙。

古代有個性情暴戾的國王，有一天找來一位算命仙幫他卜算未來。只見國王著急地問他：「我會在哪一天死去啊？」

「在一個節日裡！」這半仙毫不猶豫地回答。

國王一聽，吃驚地問：「你為何如此肯定？」

半仙微笑說：「當然肯定了！因為不論您在哪一天死去，對人們來說，那天都是一個『好節日』啊！」

半仙巧妙的話中藏話，在這似褒實貶的答案中，不只讓人讀到了智者的聰明巧辯，也讓我們明白了，想整治惡人，不必怒目相向，也無須正面對抗衝突，高明巧妙的譏諷或行動，不只大快人心，而且效果更好。

換個角度想，心念不正的人身邊處處都是敵人，無關天地容不與容的問題，更不關命理因果，而是這一類人幾乎沒有朋友，唯獨仇家敵人遍地皆是。

他們從不思考是否得與人和善，只想與人爭鬥，每個念頭轉動，都只想著怎麼害人，怎麼與人計較，試想，這樣又如何能得人和與善緣呢？

想預知死亡之日，不如好好走穩生時之日吧！

流傳多年的警世故事眞正的目的，不只是爲了嚇阻或阻絕意圖爲非作歹的念頭，而是要帶動你我深省，省思人生應該怎麼衡度，心念又要怎麼培養。

不管是否眞有天命神祇，回歸現實生活，我們都要好好呵護原有的單純善心，無論未來面對什麼問題，心靈受到多大的衝擊，都不能偏離這打從出生就擁有的「純眞心」。

太強勢，男人只會敬而遠之

女人應該多加學習充實自己，表現出真正的聰明與理性智慧，如此一來，才能讓男人心悅誠服地低頭認錯，也打心底依賴疼愛。

法庭上，被告忽然從坐位席上站了起來，喊道：「法官大人，為什麼審理我這案子的陪審員全是女的？」

「噓，沉住氣！」律師低聲要他冷靜。

「對不起，我實在無法冷靜，我也不想沉默，因為……因為……」

被告緩和一下情緒，最終嘆了口氣說：「唉，法官大人啊，雖然我常說對女人瞭若指掌，可是卻偏偏仍逃不出女人的眼睛。現在，這兒還一口氣來了十二個女人，天哪！那我還躲得了嗎？罷了，我認罪了！」

笑話中的男人因爲逃不出女人的眼光，所以招認自己的罪過，但仔細再想想，如果男人問心無愧，又哪裡會有這些害怕擔心？當然，倘若不就事件討論，單從男人女人的角色與觀點來看，的確，很多時候女人的敏銳著實讓人害怕，又有很多時候，女人們討論事情時過度感情用事，也讓人擔心害怕！

有些女人不是少根筋，而是懶得動腦筋，平時不願多用一點心去深思考慮，以致男人無法將她們擺進心中，有時更讓男人加速擺脫遠離，是不是呢？

我們再舉一例，這差不多是現代夫妻或情人常見的情況，表面上看起來是幸福的餐桌畫面，但裡頭卻也隱藏著危機！

先生剛剛下班，一踏進家門，老婆便迎上去溫柔地對他說：「晚餐我已經準備好囉！保證和昨天的一樣又香又好吃。」

先生聽了開心地說：「妳真是我的好太太。不知道我們今天吃什麼？」

老婆大人得意地說：「昨天的剩菜剩飯啊，你昨天不是一直說讚？」

「我……」先生聽了，也只能以苦笑應對。

老公無奈不再多說，似乎淡看老婆的無厘頭舉動，但我們卻難保證男主角內心世界沒有半點埋怨或嘀咕啊！

其實，想成爲好老婆、好情人一點也不難，就算是剩菜剩飯，也不必那樣坦白明說，只要花一點點心思，將昨天剩下的飯菜加點變化，不也就能再擺一桌美味的晚餐，還能在老公心裡再添「賢慧嬌妻」形象。

女人要懂得怎麼讓人疼愛、讓人不捨，而不是要讓男人面對妳便覺害怕、恐懼，或是不知如何是好。凡事過與不及都不好，太嬌貴，男人很容易感到厭膩；太強勢，男人肯定敬而遠之！

從正反兩面的笑話例子中省思，男人對女人的恐懼似乎提醒女人多加學習充實自己，表現出眞正的聰明與理性智慧，如此一來，才能讓男人面對女人時，不再是莫可奈何地害怕，而是心悅誠服地低頭認錯，也打心底依賴疼愛。

勇於負起責任，人生才走得平順

面對自己的問題，不要一味地逃避，不要只知道把問題歸給別人，必須先試著自己想辦法解決，負起應負的責任。

「為什麼你把先前的罪行又全推翻了呢？你不是已經全部招認了嗎？」法官生氣地問被告。

被告說：「是的，不過，我的辯護律師後來說服了我，他說，我無罪！」

類似的情況在現實社會中十分常見，不只在法庭上才會出現，日常生活和工作場合中，有的人爲了逃避責任，錯的也要說成對的，該負起的責任，也總在第一時間便推得一乾二淨，即使別人同聲指出他的問題與職責，也依然一副事不關己的模樣。

既然知道自己也有責任，就不要推卸，即使發生的情事不全然因爲你，但何不試著發揮幽默感，勇敢承擔？

對於懂得面對錯誤，也懂得承擔負責的人，人們從不吝於選擇原諒，甚至會因爲留下勇於負責的印象，更加相信、支持。

上述是逃避的情況，下面再舉一個常見的「依賴」狀況，這種不負責任的心態，一點也不亞於有心逃避。

「拉比，快來幫忙啊！我的雞窩鬧瘟疫啦！」有個村民向拉比求助。

拉比聽了，沉思一會兒，隨後便提出了一個辦法，那村民聽了法子後，便毫不猶豫趕回家解決問題。

過了一星期之後，村民又來找他了，還大聲嚷道：「拉比啊！你的方法沒用啊！疫情一點也控制不了，情況越來越嚴重啦！」

拉比再低頭沉思，然後又教了他一個辦法。

那人再次接受拉比的建議，趕回家解決問題。

但是，過了幾天之後，村民又出現了，這一次他滿臉怒氣地說：「拉比，你的辦法根本不靈啊！還有沒有其他的法子呢？」

拉比點點頭說：「辦法倒還有，可是，你還有雞嗎？」

連第二個方法都不適用了，村民卻不思尋找其他法子，還是回頭找拉比求救，最後即使雞統統死光了，恐怕也只能由該村民一個人承擔了。其中問題的關鍵，正是因爲村民「過度依賴」所致。

回到現實生活中，我們不也經常如此？

發生事情時，許多人在第一時間都不自行冷靜想想解決的辦法，而是慌張驚亂地出外求援。若是事情無法解決，最終反省時卻從不怪自己，反而是把責任全推給好心幫忙的旁人。

仔細想想，你是否也曾如此？

面對自己的問題，不要一味地逃避，不要只知道把問題歸給別人，必須先試著自己想辦法解決，負起應負的責任。

西班牙作家伊巴涅斯曾經寫道：「寧可讓鯊魚吃掉，至少還落個勇敢的稱號，比起像糞土般讓蛆蟲吃掉要有價值得多。」

如果連自己的問題都無法面對解決，就算好不容易等到一個絕佳的機會，恐怕連上帝也無力實現這個願望，原因無他，因為即使給了再多的機會，這一類人也不懂得伸手把握。

不要把機智用在掩飾錯誤

要找一個好的藉口理由來掩飾錯誤不難，但問題始終存在，終有一天總會揭開，我們也無可避免要面對。

倫敦皮爾德利街上有個馬戲團正在演出一個節目，告示牌上寫著：「男子將在這個玻璃箱內絕食三十天。」

這時，有位媒體記者隔著玻璃箱採訪那名絕食的男子：「請問，您為什麼要表演這樣的節目？」

男子回答：「只是為了混口飯吃！」

故事很簡單，卻也深刻地點出人們求生存時最常見的矛盾作爲，用「餓」肚子的方式來「填飽」肚皮，正點出了人們常見的思考偏差。

不少人都是這樣，常常說有好方法達成人生目標，但常見的卻是他們硬拗硬掰出一條看似光明的大道，實際上腳步卻是越走越偏，終至步入無法矯正的結局，一如下面這則故事。

森林管理員在林中抓到了一個偷獵者，管理員對著他怒斥：「你在這裡幹什麼？你不知道這裡嚴禁打獵嗎？」

偷獵者支支吾吾辯解說：「我……我知道啊，其實是這樣的，我最近遭遇到非常悲慘的事，原本打算在這裡自殺，唉，哪裡知道，正準備開槍自殺的時候，因為手抖得太厲害了，那子彈就這麼打偏，不小心打中了那隻野鴨啊！」

聽見偷獵者的回應，想必不少人會稱讚他反應靈活、聰明機智！只是，這樣的機巧用於掩飾錯誤，總是讓人忍不住要提出否定與反省，畢竟類似的情況已經太多，若是一再誤解誤用，只是徒添社會的負擔。

那麼聰明的你，從中是否得到任何省思啓發？

不管是爲了混口飯吃，還是眞有什麼生活上的困難，我們都不能合理化任何錯誤的行爲，畢竟投機就像毒品一樣，是會讓人上癮的，一旦誤食誤闖，要再回頭，可是比通向成功之路還難上好幾千倍！

我們都知道，面對自己的人生，要找一個好的藉口理由來掩飾錯誤不難，然而，許多人都忘了，錯誤遮蓋得了一時，但問題始終存在，終有一天總會揭開，自己也無可避免要面對。所以，與其把機智用在掩飾錯誤，苦思遮掩的方法，不如正面迎向問題的核心，如此我們才能選對人生的道路。

還不明白嗎？

想一想，最近你是否常想一步登天的事，又是否常欣羨那些僥倖成功的人？如果是的話，那麼快停止這些想像和羨慕，告訴自己：「那是他們的事，我有我自己的路要走，我知道，只要腳踏實地，對生活誠懇無欺，自然能正大光明且光榮驕傲地享受人生的成果。」

認真省思，不要老做表面功夫

遇到問題，不要只知道擦拭腳下的足印，要往遠方看去，既然錯印的足跡太多，那就下定決心一一清除乾淨吧！

有個小鎮某一年冬天發生森林大火，鎮民全力動員所有消防人力，卻始終無法控制火勢，原因是消防栓裡的水全都凍結了。

事後，議會開會討論如何防止發生相同的不幸事件時，忽然有位議員一躍而起，大聲地說：「本席提議，以後每當火災要發生的前三天，請負責人員先行將消防栓徹底地檢查一遍。」

這位議員說完話，立刻有人附議，最後的結果是：「全數通過。」

聽見「三天前」要做好防備動作時，想必讓聰明的你忍不住搖頭，甚至想笑卻又笑不出來吧！

看似問題解決了，事實上卻說了等於白說。然而，許多人不也經常如此，短視近利，思考淺薄，只看得見腳下的小石子，卻看不見遠方的坑洞？這樣的人只肯輕鬆踢開腳邊的石子，要他們再往遠一點的地方觀看，試著把未來的問題納入考量，他們總是說：「太遠了，我看不到！」

是眞的看不到，還是只想等到事情再次發生之時，才臨時抱佛腳呢？

問一問自己，這趟人生路已經累積了多少「懊悔」，有多少次懊悔當初不能多想一層，或懊悔面對問題、解決問題時不能再用心一些？

這則故事諷刺意味極濃，關於人們短淺的思考能力，與欠缺責任感的態度，清楚地展現在我們眼前，下面這則故事也是如此。

今天，董事們一整個下午圍繞在「所有員工在工作崗位不得飲酒」這個議案上，非常熱烈地討論著，不時還有激辯爭論。

最後，他們終於通過了「禁酒令」！

這時，董事長舉杯說：「各位，讓我們一同為這個英明決定乾杯吧！」

「乾杯！」只見大伙開開心心地舉杯道賀通過這「禁令」。

收尾的「乾杯」聲讓人忍不住苦笑，在這個慣於做表面功夫的社會現象中，我們不只看見了人們一錯再錯的原因，也看見了自省自律能力的薄弱，正如第一則故事，大家都知道「預防災難」的重要，但是我們卻看不見人們認真省思後的決心，反而是再一次證明「臨時抱佛腳」的習慣態度。

走出故事，我們不妨多看一看自己，想一想這一路走來，到底累積了多少「一錯再錯」的情事。

不想等到「三天前」才發現問題，不想錯誤一再重蹈，就給自己多一點改革的決心吧！遇到問題，不要只知道擦拭腳下的足印，要往遠方看去，既然錯印的足跡太多，那就下定決心一一清除乾淨吧！

只要有心，幸福並不難尋

女人想從愛人身上要的東西都很簡單，一句「我愛妳」便足以讓她獻上一生心力為你付出；只要一個「擁抱吻別」，便能讓她心甘情願地以一輩子守護最愛的他。

有個男子到國外出差，工作結束之後，到機場買了回國的機票，同時也在機場內的電報局準備發給愛妻一封平安信。

寫完即將發出的電報文字，他把內容交給一位女服務員，並請她估價。當對方告訴他價格後，他算了算身上剩下的錢，這才發現還差一些，只好對女服務員說：「就這麼吧，把『親愛的』這幾個字刪除，我的錢就夠了。」

沒想到女服務員聽了，微笑地說：「先生，請等等！」只見那位女服務員拿起自己的手提包，掏出錢來說：「就這樣吧，讓我替您付了『親愛的』這幾個字的錢吧！

你應該知道的，身為妻子最希望聽見丈夫這麼呼喊自己。」

多麼貼心的女服務，看著她爲男子的妻子守住幸福的呼喚，想必感動了不少女人吧！身爲女人老公的男人，看了這則故事不知道有沒有得到任何啓示呢？面對夫妻失和的場面時，聰明的男人是否知道該怎麼做了呢？

還不明白的話，再看看下面這個男人的例子。

「牠真是隻非常棒的獵犬，我要是沒有牠，恐怕無法出去打獵了。」獵犬的主人感激地說。

朋友聽了，不明白地問：「是嗎？可是我從未見您帶牠一塊出去打獵啊？」

獵犬主人說：「牠跟我去打獵？牠怎麼可以跟我去打獵，我若想出去打獵，牠便得乖乖待在家裡陪我的妻子才行，若不是牠陪著她聊天、看電視，或是逛街，我哪有機會出去打獵啊！」

男主人開玩笑地感激獵犬，其實隱約透露出這個男人的體貼，因爲他知道老婆害怕孤單，也因爲知道自己無法時時陪伴在妻子左右，所以爲老婆找了一個從不抱怨且忠心耿耿的好伙伴。

男人們只要有心，女人自然不會叨唸沒人陪伴，只要懂得體貼，老婆大人們自然會懂得貼心體諒老公們的忙碌無暇。例如，不得不晚歸時，親愛的老公們，何妨主動給老婆們一通電話，報平安並順便說句想念，相信家中再也聽不到爭執聲，夫妻關係也將因此更加緊密。

男人們常說女人心難猜，事實上，不是女人心難猜，只是他們總是把女人想得太複雜。所有女人想從愛人身上要的東西都很簡單，一句「我愛妳」便足以讓她獻上一生心力爲你付出；只要一個「擁抱吻別」，便能讓她心甘情願地以一輩子守護最愛的他。所以，關於女人要的幸福是什麼，從這兩則小故事中，聰明的男人們想必得到了不少啓發，對吧？

輯5.

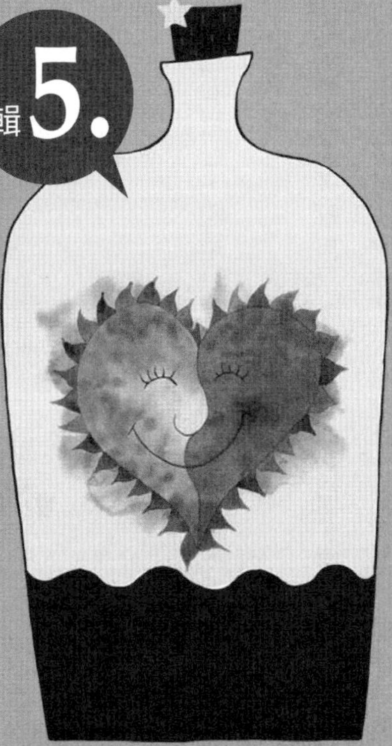

用機智化解羞辱

面對羞辱，有幽默感的人懂得「用幽默代替沉默」，
會不疾不徐回敬對方，
沒有幽默感的人，恐怕就得陷在難堪的窘境之中，
不知如何是好了。

愛做春夢，小心被嘲弄

想譏諷對方，最有效的方法是先說些場面話，表示贊同對方的想法，然後再冷不防來記回馬槍。

自己看自己，總是只看見優點，還有許多看不見的盲點被遺漏，旁邊的人看你，卻會清晰很多。

人，當然要了解自己，但是也要相信，總有人會比你自己更加了解你。不要老是做春秋大夢，否則只會惹來別人的嘲弄。

某甲看著國家地理雜誌，看見了一段有關非洲土著的專題報導，越看越投入，越看越著迷，像發現新大陸似的。

不久，某甲興奮地抬起頭來對老婆說：「妳知道嗎？這本雜誌介紹非洲的一個部落，在那裡，男人和女人上過床以後，女人竟然要付給男人十塊錢耶！真是不可思議的事情！如果有機會的話，我一定要到那裡去體驗一下這種收錢的滋味。」

「那我也要一起去！」老婆的話是請求，也是命令。

某甲想到老婆大人如影隨形的畫面，不禁低頭沮喪地說：「如果帶妳去的話，那我還有什麼樂子？」

「你放心，我跟著你去，但是我不會干涉你找樂子的……」老婆深明大義，立刻微笑地補充道：「我只不過是想要看看，你每個月只賺二十塊錢，到底要怎麼過活！」

想譏諷對方，最有效的方法是先說些場面話，表示贊同對方的想法，然後再像這則笑話中的老婆，冷不防來記回馬槍。

不知道是不是因爲人貴爲萬物之靈的關係，我們總在不知不覺中就很容易把自己放大，覺得自己遠遠超越別人，以爲自己無所不能。正因爲如此，人想的總是比做的還要多。

當然，我們得把自己放大，才能眞的變大，因爲你必須看得起自己，別人才會看得起你。

有自信、有夢想，人生才有希望。但是，做夢之餘，也請衡量自己的實力，別忘了夢想和現實之間的距離。

頭髮雖白，心可以不白

老人都有一顆孩子的心，甚至比年輕人更年輕。齒搖髮白是自然的定律，只要讓心活躍，還是可以擁有快樂的靈魂。

有一天，小明的奶奶問他：「你長大後想幹什麼？」

小明說：「「我長大後要開飛機，到時候，我要載著奶奶在天空飛！」

奶奶說：「到那時，奶奶已經老死啦！」

小明說：「不會的，媽媽說奶奶是『老不死的』。」

「家有一老，如有一寶」，人總是會老，有一天也得面對身心上的老化，可能固執了點、囉唆了一些，行動也不甚方便。若是能用正面的態度來面對這樣不可避免的問題，不管是年輕人或老年人，都能勇敢迎接它，額頭上的皺紋，就是歲月刻下的回憶和勳章。

米開朗基羅是義大利文藝復興時期著名的雕塑家，十四歲那年，已經能自己雕刻出一顆老人的頭像。

就在要完工時，恰巧當時著名的藝術家貝托多看到，端詳了好一會兒，轉身對米開朗基羅說：「孩子，你難道不知道老人總是缺幾顆牙的嗎？」

米開朗基羅很高興有人指點他，馬上拿起鑿刀，朝雕像嘴裡用力一敲，兩顆門牙應聲而落，接著他笑嘻嘻地對貝托多說：「這樣好些嗎？」

當貝托多橫看豎看，終於滿意地點了頭時，米開朗基羅又頑皮地說：「幸虧是敲掉兩顆牙齒，要是您認為它的腦袋需要修理的話，那就麻煩了。」

一位教授這樣說過：「人老了，很多行爲都是自己無法控制的。這是因爲身體的某種內分泌，會影響到自己的思考模式，因此我們常聽人說，老人家都比較任性、固執。」

老人的行為，的確多多少少受到內分泌影響，但不完全是主因，孩子不也有類似任性、固執的情況嗎？

重點在於心境問題。

佛教第四代祖師優婆毱多十七歲那年跟隨著商那和修尊者出家，商那和修問他：「你多大年紀了？」

面對這個問題，優婆毱多回答：「十七歲。」

商那和修又問：「那麼你是年紀十七歲，還是心智十七歲呢？」

優婆毱多沒正面回答，反問：「您頭髮都白了！是髮白呢？還是心白？」

有位老爺爺年近九十，即使身體老化、行動不便、滿口假牙，仍然非常樂觀。平常時候，他就戴著老花眼鏡翻翻報紙、看看電視。

他不看愁雲慘霧的社會新聞，只看醫療版和影藝節目。當他看到喜歡的主播、明星，還會高興地與人分享心得。

老爺爺只受過小學教育，又是聾啞人士，靠著自讀、自學，讓自己開心地活在二十一世紀。他絕不認爲自己是個老人家，因爲他有一顆年輕的心。

老人都有一顆孩子的心，甚至比年輕人更年輕。

年紀大了，齒搖髮白都是生命自然的定律，但只要讓心活躍，還是可以擁有快樂的靈魂。領悟佛家的智慧，就能讓自己「髮白，心不白」。

無法解決，就把所有的人都拖下水

下次遭遇到困難時，不要著急，不要氣餒，換個角度想想如何把全部的人都拖下水，事情就很可能會出現嶄新的面貌！

新的都市求生法則第一條：「在路上碰到搶劫時，不要喊『救命』，而要喊『失火了！』」

爲什麼明明被搶，卻要喊「失火」？

因爲，被搶是你家的事，失火可是大家的事！

一名愛犬人士帶著他心愛的小狗出遊。

沒想到在遊艇上，小狗意外失足落水，狗主人焦急萬分，連忙要求船長中途停船，好讓他可以把小狗撈救上來。

然而，船長斷然地拒絕了他的請求，並且向他解釋說，因為船上的旅客眾多，所以不可能為了一條狗停船，枉顧其他人的權益和時間，畢竟，這不像救人那麼重要。

狗主人聽聞此言，二話不說，立刻縱身一躍跳入水中，然後誇張地揮動雙手不斷大呼救命。

船長見到這種情形，只好無奈地把船停了下來，讓這名旅客和他的小狗都得以撿回一條小命。

有時候，讓事情大到無法解決，讓所有的人都不得不參與，雖然賤了一點，倒不失是一種解決之道。

做人做事不能只往單一方向思考，遇到瓶頸的時候，懂得逆向思考，才有辦法突破思路的死角。

平常就要多訓練逆向的想像，科學家愛因斯坦曾經這麼說：「想像力比知識更重要。因為知識是有限的，而想像力概括著世界上的一切，推動進步，並且是知識的泉源。」

逆向思考常常能將不易解決的困難輕鬆排除，因此，下次遭遇到困難時，不要著急，不要氣餒，換個角度想想如何把全部的人都拖下水，事情就很可能會出現嶄新的面貌！

用機智化解羞辱

面對羞辱，有幽默感的人懂得「用幽默代替沉默」，會不疾不徐回敬對方，沒有幽默感的人，恐怕就得陷在難堪的窘境之中，不知如何是好了。

服務業是最多年輕人嚮往的行業，但想從事服務業，除了爲人服務的熱忱之外，任勞任怨的精神也非常重要。

無論客人提出多麼無理的要求，服務人員永遠只能用微笑表達自己的立場。即使是用熱臉去貼人家的冷屁股，服務人員也只能把眼淚往肚子裡吞。

專業、耐性、反應敏捷是每個服務人員必備的條件，下面這個故事，足以作爲你最好的範例。

一家航空公司因為班機延誤，導致櫃檯大排長龍。一時之間，有個橫眉豎眼的男人擠到隊伍的最前面，要求櫃檯小姐優先幫他處理。

小姐禮貌地說：「抱歉，先生，請您排隊好嗎？」

男人毫不客氣地回答：「排什麼隊？妳知道我是誰嗎？」

櫃檯小姐反應迅速，馬上打開擴音機，從容地廣播說：「這裡是××航空公司，有一位先生不知道自己是誰，哪一位旅客可以辨認他的身分，請到第七號櫃檯。」

在場排隊的人聽了，都不約而同地笑了起來。男人覺得臉上無光，很生氣地說：「Fuck you！」

櫃檯小姐受到辱罵，依舊不改常態，慢條斯理地說：「就算您很想，那也要請您排隊才行啊！」

面對羞辱，有幽默感的人懂得「用幽默溝通」，會不疾不徐回敬對方，沒有幽默感的人，恐怕就得陷在難堪的窘境之中，不知如何是好了。

服務人員不是沒有自尊，而是他們更加以客爲尊。不管遇到什麼樣的客人，他們總有辦法應付。

服務人員不是不需要人尊重，而是他們懂得先對別人表現出尊重。相逢自是有緣，先低頭的未必吃虧。

服務業也許處於社會的底層，但是服務業的精神卻比什麼都還要崇高。在酒酣飯飽、購物享樂的同時，請體恤服務人員的辛勞吧！

悲劇造成時，要懂得運用剩餘價值

當悲劇注定要造成時，你只能仔細思量，試著用幽默的心情面對，將它的剩餘價值發揮到極限。

美國著名的短篇小說作家歐文．斯通，在《總統之戀》裡曾經這麼寫道：「人生的命運是多麼難以捉摸啊！它可以在短短的時辰內被摧毀，也可以在短短的時辰內獲得解救。」

是的，曲折多變的命運本來就很難捉摸，經常不照我們的心願發展，在人生道路上我們唯一可以主宰的就只有自己。

如果事情不能改變，那麼我們就要改變自己看事情的角度，如此一來，或許還可以從中找出一些價值。

一名年輕人去應徵機場塔台的工作，通過各項關卡之後，終於來到最後也最難的一關——口試。

考場上，考官嚴肅地問：「有一架飛機正準備要降落，而你從望遠鏡裡發現它的起落架沒有放，這時你會怎麼辦？」

考生回答：「我會以最快的速度用無線電來警告機長。」

「如果他沒有回答呢？」考官繼續追問。

「那我會立刻使用信號燈，發送『危險，不得降落』的訊號。」

「可是，他仍然沒有反應，還是繼續下降，這時你會怎麼辦？」

考生回答：「我會立刻打電話給我女朋友。」

「你女朋友？她能做什麼？」考官詫異地問。

考生回答：「她不能做什麼，但是……她從來沒有看過摔飛機。」

當你用盡辦法，卻不能阻止悲劇發生，除了善用剩餘價值又能如何？

英國名作家珍．奧斯汀在《愛瑪》一書裡曾經無奈地寫道：「機會和命運總是良莠不齊，教人難以捉摸。」

當悲劇注定要造成時，你只能仔細思量，試著用幽默的心情面對，將它的剩餘價值發揮到極限。

考試考砸了，想一想，這樣至少讓你認識了失敗的滋味。

無緣無故挨老闆罵，想一想，你可以從中學到何謂成功的領導人。

失戀了，想一想，逝者已矣，來者可追，失去的未必是最好。

悲劇的發生固然可惜，但若我們縱容悲劇白白發生，而不能從既定的事實當中學到教訓，那才是眞的令人惋惜。

太刻薄只會帶來負面的後果

尖酸刻薄只會引來他人反感，不給台階也只會逼人狗急跳牆，若是你期望得到別人的尊重，就要先懂得尊重他人。

世事都是相對的，一個人可以驕傲，可以苛刻，先決條件是，他也必須忍受這個世界對他的冷漠與刻薄。

面對不如己意的事情，最好保持平靜，和顏悅色說出自己的要求，千萬不要尖酸刻薄地指責別人，否則只會帶來更多負面的後果。

一名有潔癖的男子光顧一家餐廳吃飯。

過了一會兒，他看見侍者端著他點的菜走了過來，沿路竟然把自己的姆指插在菜裡。」

男子頓時怒火中燒，立即找來了餐廳經理，向他投訴這名沒有衛生觀念的侍者。餐廳經理深感抱歉，立刻把這名侍者叫過來詢問。

然而，這個侍者卻溫吞地解釋說：「對不起，我因為姆指受傷，醫生說要隨時保溫，所以我才會這麼做。」

這名有潔癖的客人根本沒有辦法接受侍者這番自以為是的強詞奪理，他毫不客氣地對侍者說：「要保溫，你怎麼不把你的手插到屁眼裡啊！」

侍者聽了這話，連忙向客人辯解道：「有啊，我沒有端菜的時候，就是把手插在屁股裡。」

保持平靜的心境，就能冷靜面對生活中的一切不順心意的事情，何必暴跳如雷，盡說些刻薄的話？

對人刻薄，其實是對自己殘忍；侮辱別人，最後受傷的往往還是自己。

無論好人、壞人、君子、小人，都同樣期待他人以禮相待。你以文明的方式和對方相處，對方自然就會表現得像個文明人，相反的，你用對待流氓的方式對待他，他便會徹底表現得像個流氓。

這個世界是一面鏡子，你發射出什麼樣的訊息，回應你的也就是什麼樣的訊息。尖酸刻薄只會引來他人反感，不給台階也只會逼人狗急跳牆，若是你期望得到別人的尊重，就要先懂得尊重他人。

找出盲點，人生才會更亮眼

這個世界上沒有所謂的絕對。找出心態上的盲點，隨時睜大眼，你的人生才會越來越亮眼！

一位年輕的太太陪先生上醫院，經過詳細的診斷與詢問生活狀況後，醫生吩咐先生前去驗尿。

趁著空檔，太太便詢問醫生狀況如何。

醫生對太太說：「妳的先生過度疲累，而且有精神衰弱的徵兆，需要絕對安靜地休息，旁邊不能有任何聲音，所以我開了一些安眠藥……」

太太聽了，焦急地打斷：「既然你說我先生身體不好，那吃安眠藥不是會讓他的身體更不好嗎？」

醫生回答說：「不是他吃，是妳吃！妳吃了以後，就不會整個晚上纏著他要，而且事後又對他唸個不停……」

由這個小故事我們可以知道，判斷事情的角度不止一個，想要改變自己的人生，不如先找出自己的盲點，否則你就會像下面故事裡的小明，主觀地做出錯誤的解讀。

小明一向對研究生物很有興趣。

一回，他把一隻跳蚤的兩隻腳切掉，然後對著跳蚤說：「跳呀！跳呀！」

結果，跳蚤依然會跳。小明於是再接再厲，繼續把跳蚤剩餘的腳切斷二隻，然後命令牠：「跳呀！跳呀！」

結果，跳蚤依然照跳不誤。

接著，小明又再切斷了二隻腳，然後對跳蚤說：「跳呀！跳呀！」

這一次，跳蚤再也跳不動了。

於是，小明從中得出了一個結論，在日記本裡寫下了心得：「跳蚤在切斷六隻腳之後，就變成聾子了。」

上述這兩種情形也許好笑，卻經常發生。每個人在看事情的時候都可能會有盲點，產生盲點的原因，往往是因爲太主觀，又不願深入了解。

如果沒有親自進入其中浸淫一段時間，又怎麼可能會全然了解其中的眞相？如果只是因爲表面現象就憑自由心證驟下結論，反而可能會讓你離眞正的結論越來越遠。

記住，這個世界上沒有所謂的絕對。找出心態上的盲點，隨時睜大眼，你的人生才會越來越亮眼！

給別人一個「獻醜」的機會

適時的肯定別人、尊重別人，人都會犯錯，不管你的意見多麼寶貴，也請別忘了給別人一個「獻醜」的機會。

同樣一個字句，聽在不同的人耳裡，便造成了不同的意義。

認知差距存在於每一個地方，有時鬧出的是笑話，有時鬧出的卻是紛爭，端看每一個人對「認知差距」所抱持的認知。

男孩騎著摩托車，後面載著心愛的女朋友，兩人打算趁著假日的早上，一道去郊外走走。

騎到半路上，男孩突然發覺油錶已經降到紅線，油似乎不太夠了，便決定先行繞到加油站加油。

下車的時候，男孩不小心弄掉了手上的安全帽，只見安全帽沿著斜坡一路滾到了馬路中央。

馬路上的車子來來往往，一個不小心很容易就把安全帽壓爛。男孩很心急，於是匆匆交代女孩：「我去撿安全帽，妳幫我加油。」

聽到這話，女孩胸有成竹地回答：「沒問題。」

之後，男孩便轉身快步跑向馬路中央去了。

只是他才沒跑幾步，就聽到女孩像運動場上的啦啦隊一樣，在後面大喊：「加油！加油！」

在這世界上，也許可以找到一個和你長得相似的人，卻絕對無法找到一個和你想法一模一樣的人。因此，認知上的差距不是障礙，該怎麼妥協才是最大的問題。

「妥協」不表示一味淹沒自己的聲音，而是在說出自己的看法之餘，也能傾聽別人的意見，適時地肯定別人、尊重別人。

房龍曾經勸告我們：「容許別人有行動和判斷的自由，對不同於自己或傳統觀念的見解，要有耐心和公正的容忍。」

正確的答案也許只有一個，但是因爲我們是人，人都會犯錯。不管你的意見多麼寶貴，也請別忘了給別人一個「獻醜」的機會。

修正錯誤才能進步

犯錯，是每個初學者的特權。犯錯的當下也許丟臉，但是改正錯誤的過程，卻是人生最寶貴的一課。

新學得的東西永遠不會是你的東西，必須親身操作過一次，它才會永遠烙印在你的生命裡。

如果你記性不好，又很懶惰，那麼，別懷疑，出糗的人一定會是你。

某位新來的牧師，一想到星期天的時候要對著全教堂的信眾演講，心裡就感到莫名的壓力，為此，他特地去請教一位年長的牧師，想知道用什麼方法可以有效的抓住信眾們的注意力。

老前輩以自身的經驗當例子，侃侃而談：「我剛當牧師的時候也非常緊張，於是我就想到一個方法，只要一發現信眾們心不在焉時，我就說：『想當年，我躺在一個女人的懷裡……』每次一講到這裡，信眾們無不豎起耳朵仔細聆聽，接下來，我再解釋道：『那個女人是我媽媽。』既引人注目又無傷大雅，這個方法我用了好幾次，從來沒有失敗過。」

年輕牧師把老前輩的教誨牢記在心。到了星期天的時候，他在台上學著老牧師的口吻，對底下的信眾說：「想當年，我躺在一個女人懷裡……」

底下頓時鴉雀無聲，所有人的注意力都集中在年輕牧師的身上，大家心裡都想：「牧師是上帝的親信，怎麼會說出這麼輕薄猥褻的話？」

正當年輕牧師應該要自圓其說的時候，腦筋卻突然一片空白，只好支支吾吾地說：「那個……那個女人……我忘了她是誰了！」

學藝在精而不在多，學東西只學一半，結果就會如故事裡的年輕牧師一樣，笑掉人家大牙。

學習有三多：看得多、遭遇得多、研究得多。

最難以學習的是別人的經驗，沒有人可以從別人的錯誤中獲得教訓，一定要親身犯過錯，我們方知錯誤的可貴。

犯錯，是每個初學者的特權。正因爲你犯過錯，所以你體會到自己的不足；正因爲你犯過錯，所以你又比從前更進步了一點。

犯錯的當下也許丟臉，但是改正錯誤的過程，卻是人生最寶貴的一課。

做人明理就不會猜忌

天上掉下來的無妄之災，受害的往往都是最親密的人。一個喜歡猜忌別人的人，自然也就會經常錯怪別人、誤會別人。

誤會別人，我們會低聲下氣，又是敬禮又是賠不是。但是，倘若錯怪的是自己的另一半，我們多半只會打腫臉充胖子，得了便宜還賣乖。爲什麼？

因爲我們總是認爲彼此是自己人，所以我們可以理所當然地錯怪對方；因爲是自己人，所以對方應該不計前嫌地原諒我們。

某天，小明在學校裡跟同窗好友小華抱怨：「怎麼辦？我昨晚偷打色情電話打了好幾個小時，等到帳單寄來，我鐵定會完蛋的！」

兩人抱頭苦思，卻怎麼想也想不出個對策，最後只好決定聽天由命，等到帳單寄來再尋找生路了。

過了幾個禮拜以後，小華問小明：「喂，怎麼樣？上次的電話帳單到底寄來了沒有？」

「嗯，已經寄來了。」小明氣定神閒地說。

「那到底怎麼樣了？」小華緊張地問。

「還能怎麼樣？我老爸被我老媽打到住院了。」

天上掉下來的無妄之災，受害的往往都是最親密的人。

大家都知道，夫妻之間最可貴的是信任。一旦缺乏信任，人與人之間便很容易築起一道無形的牆壁，阻隔了彼此的情誼。

一個喜歡猜忌別人的人，自然也就會經常錯怪別人、誤會別人。即使是最親密的夫妻，也無法禁得起一而再、再而三的誤解猜疑，日子久了，再濃厚的感情也很難不出現裂痕。

因此，做人要明理，要能夠接受別人的意見。

有時候，你以爲自己已經做了很多，其實對方一路默默付出的，早就已經超出你的想像，不是你看不見，而是你一直沒有用心去發現。

輯6.

不要讓自己的幽默太過火

輕鬆生活不代表可以隨性作為，

幽默也不可過火，

唯有能保有自己的真性誠心，

才能期待良善社會環境的建立。

積極學習，夢想才有意義

幽默看待磨難，多爭得一次學習機會，即使得耗費氣力也值得，因為在那之後，終將換得更豐盈的財富。

空有夢想，卻不知道積極行動，將會引人迷失方向。

心中有夢，記得積極前進，人生路似長猶短，邁出的腳步一旦停滯，必然離夢想更遙遠。

一天，學生忽然對老師說：「老師，我常夢見我已經當上教授了耶！」

老師聽了，微笑不語。

「老師，我要怎樣做才能讓夢想成真呢？」學生問。

老師依然面帶微笑，回答說：「很簡單，少睡覺。」

很簡單的答案，卻也是最中肯的答案。「少睡覺」，才能減少「做夢」的時間，也才能把這些多出來的時間，踏踏實實地用於學習上。

學習之路難以錢計較，只要我們能認真，少睡一分鐘，便能多踏出一個成功腳步。同樣的，每花一分力，終將收得物超所值的回饋。

若還不懂得這個道理，下面的故事也許可以給我們更多省思。

有個人想送他的兒子到學校念書，老師說：「好，我們可以收留他，不過你得交足二十法郎的學雜費。」

「二十法郎？這麼多啊！我可以用它來買一頭驢子了。」男子不捨地說。

老師看著男子，說：「假如你真的用這二十法郎去買頭驢，卻不讓孩子上學的話，那我保證，將來你家會有兩頭笨驢。」

許多人在衡量事物價值時，會習慣性地以金錢來計算，但你眞覺得金錢眞能估出事物的眞正價值嗎？

聰明如你，想必早知道是估不出來的，因爲萬事萬物皆有其有價與無價的一面。即使標價僅一塊錢，對喜愛的人而言就是價值非凡之物，反之，標示無價的物品，對使用不著的人來說，與垃圾場裡的廢棄品無異。

所以，別只想著那二十法郎，也別想著美夢，行動吧！

你我都知道，一個人的成就與學習機會是無價的，能爲自己多爭取一些時間，自然多進一步。幽默看待磨難，多爭得一次學習機會，即使得耗費氣力也值得，因爲在那之後，終將換得更豐盈的財富。

真心對人，才得人真心以對

要求別人付出的時候，請先想想你是否也願意付出吧！若不能主動張開雙手，又如何能得到他人的擁抱回應？

如果你是一個喜歡分享愛的人，一定認同這個道理：「愛人者人恆愛之，敬人者人恆敬之。」

這絕非陳舊的老話，而是永恆不變的眞理。

這社會一直都是公平的，不會有人只能一味地付出，而得不到回饋，所以別擔心你的付出得不到人們的善意回應，首先應該擔心的是，自己待人的心是否眞誠無愧？

佐藤家與青木家是多年的老鄰居，說他們感情好也不是，說他們感情不好，又不大對，因為他們偶爾還是會互相「尋求幫助」。

好像這天，佐藤先生叫傭人去向青木家借錘子，傭人立即到青木家敲門：「您好，我們家的主人想向您借把錘子。」

「不知道你們要敲的釘子是鐵的，還是木頭的？」青木先生問道。

傭人說：「是鐵釘子。」

一聽到是鐵釘子，青木先生便說：「鐵釘子啊！唉呀！那真不巧，我們家的鐵錘剛剛被別人借走了。」

借不到鐵錘，傭人只能空手而回，如實地把經過告訴佐藤先生。佐藤先生聽完傭人的敘述，忍不住大聲嚷嚷：「什麼，真沒想到這世界上竟有這樣的吝嗇鬼！借個錘子，還要問釘子是鐵的還是木頭的，真是莫名其妙。哼！有鐵錘也捨不得借，好像被我一用就會壞掉一樣。」

「沒辦法，我只好拿自己的錘子來用了。」佐藤先生說著，便轉身從自己的工具箱裡拿出鐵錘。

傭人站在一旁，無言以對。

這是一則非常有趣的故事，兩家人看似是感情和睦的老鄰居，實際上卻同樣的自私自利。說得好聽是「互相幫忙」，結果卻是「相互利用」，雖然可說人之常情，卻仍讓人頗感心寒。

人與人之間的互動，原本就存在著一些利益需要，然而，像佐藤先生這樣一心只想著佔人便宜的心態，必定不是每個人都能接受。

親愛的朋友們，在要求別人付出的時候，請先想想你是否也願意付出吧！若不能主動張開雙手，又如何能得到他人的擁抱回應？

想看見人們以笑臉相迎，別忘了自己的美麗微笑，希望人們能以真心對待，別忘了率先付出誠心。

用寬厚、幽默態度待人，必能得到肯定與回饋。

失戀是最好的成長試鍊

> 感覺不對了，就別再強求，學會放手，學會捨下，我們才能真正的打開心眼，去尋找真正屬於自己的伴侶。

你失戀了嗎？

若是，請認眞感受此刻心境，因爲聰明的人能從失戀的苦痛中，看清自己眞正想要的愛情樂園，並找出更合適的愛人方式。

有個失戀的人正愁眉苦臉地向朋友訴苦：「我愛的人拒絕了我的求婚。」

「沒什麼，我告訴你，女人的話有時候得從反面理解，她說不，有時候是意味著好。」朋友如此安慰他。

「可是，她沒說不啊！」失戀的人說。

「不然她說了什麼？」朋友問。

「她說『呸』。」失戀的人說。

絕妙的一聲「呸」，雖然狠心，但倒也簡單明瞭。這樣的感情結束其實也算是一個好的結果，至少男人不必繼續愁眉苦臉地等待女人的回應，更不必空自期待美好的結局。

既然對方不喜歡，那就再找下一個戀人吧！愛情的道路上不會只有一個選擇，眼前人若不是對的人，就別再癡纏了，不然會讓自己被困在愛情迷陣裡，遲遲找不到真愛。

某間雜誌社正舉辦一場徵文活動，題目是：請以最短的文字，敘述你的一次戀愛經過。

不久，他們收到這樣一篇文章：「開始：心裡眼中只容得下一個她；過程中：毋親叫我向東，情人叫我向西，我必定選擇向西；結局：愛人結婚了，新郎不是我。」

曾經執著的唯一，曾經以爲只有對方才有全世界，漸進至失去了愛人的心，這轉折的確折磨人。但往好處想，若能從中看見自己眞正的需要，相信未來的路仍有更多美好。

新郎不是我，正代表著與這份情感無緣，若是勉強求愛，最終一樣會走到不得不分手的路。畢竟愛情不是單一方的事，如果不是兩情相悅，即使郎才女貌也無法看見幸福。

心是騙不了人的，或許騙得了別人，但肯定騙不了自己。感覺不對了，就別再強求，學會放手，學會捨下，我們才能眞正的打開心眼，去尋找眞正屬於自己的伴侶。即便他們的答案很傷你心，也請別再傷心，而以感恩心面對，並以幽默解嘲，因爲走出錯誤的愛情，會更懂得什麼才是眞愛。

不要讓自己的幽默太過火

輕鬆生活不代表可以隨性作為，幽默也不可過火，唯有能保有自己的真性誠心，才能期待良善社會環境的建立。

維護社會環境，雖然人人有責，但我們絕不能只要求別人付出，卻忘了自己盡一份心力。

在責問別人爲何不能爲我們著想時，別忘了要先想想自己，是否也時時刻刻都能關照別人的需要。希望能打造一個互動良好溫馨的人際社會，別忘了先從自己開始。

舍監來到宿舍視察，正巧碰見學生們在屋裡燒煤烤肉。

「天哪！窗戶和大門都沒打開，你們難道不知道這樣做很危險嗎？」舍監非常緊張地說。

「太危險了！滿屋子充滿二氧化炭，要是再沒有氧氣進來，你們可要送命了。」他接著又恐嚇道。

看著舍監滿臉驚恐神情，其中一位學生笑著回答：「放心啦！我們是植物系的，會吸二氧化炭，吐氧氣。」

學生們自以爲幽默地回應，卻無視於自身安全，從應答中我們不難看見他們責任心的不足，以及仍有待加強的生活態度。

一個無視自身安全的人，當然也不會顧及他人的安危，仔細想想，自己是否也抱持著相似的錯誤態度呢？

取巧容易，踏實難得，機巧雖然容易讓我們獲得成功，其中往往也存在著險境，好像下面這則故事。

兩位法學院的猶太學生正在爭論一個問題，其中一位學生認為，學習法典的時候是不可以抽煙的，而另一位學生則持相反意見。他們各執己見，相持不下，最後只好找猶太拉比當裁判。

「拉比，我們在學習法典時能抽煙嗎？」持反對意見的學生先開口。

拉比聽了，生氣地說：「當然不行！」

這時，持贊同意見的學生走了過來，恭敬地對拉比說：「請問拉比，人們抽煙的時候，可以學習法典嗎？」

「當然可以。」拉比聽了，笑著裁決道。

換個方式說反而說服了拉比，然其中也存在著另一極爲重要的寓意：試想，只懂鑽法律的漏洞，豈是社會之福？

人生只有一次機會，好像第一則故事，懂得自然律例的人卻選擇違反自然之則，讓自己陷入危險中，怎不愚笨？

又如第二則教事，身爲未來律師，不懂直言誠實，卻想著玩弄巧智，這又豈是大衆之福？

人生能走往對的道路並不容易，稍有偏失便墮險惡之林，正因爲如此，更要時時提點自己正確的生活態度與嚴謹的人生方向。

輕鬆生活不代表可以隨性作爲，幽默也不可過火，唯有能保有自己的眞性誠心，時時提醒看見正念心性，如此，才能期待良善社會環境的建立。

懂得尊重別人，才會受歡迎

學習尊重他人不難，而且相當必要。因為學會尊重他人，也等於學會了尊重保護自己的智慧和人格。

沒有人不希望時刻感受到別人的尊重，也沒有人喜歡自由與自主權被侵犯。所以，在觀想自己不喜歡的情況時，別忘了替換到他人身上，因爲人同此心，心同此理，期望別人尊重我們之前，不能忘了自重。

有位美國太太正在英國旅行，這天她選擇搭火車前往目的地，由於在位子上坐太久了，便起身走進了一間吸煙室，心想：「那裡的空間比較大，應該比較舒服。」然而，很不巧的，裡面有個英國紳士正在抽煙。

美國太太安靜地坐了一會兒，但坐越久便吸進越多的煙味，讓她的身體越來越覺得不舒服。

為了阻止這位英國紳士繼續抽煙，她便開始故意打噴嚏和咳嗽，以示對煙味的厭惡與不適。

然而，不管這位美國太太的動作或聲音多大，英國紳士始終都未加理會，看起來根本不打算把煙斗放下。

最後，美國太太忍不住說話了：「先生，如果您是一位紳士的話，應當知道，在女士走進了這節車廂之後，您就應該把煙放下了。」

這位英國男子聽了，卻微笑道：「夫人，如果您是一位優雅夫人的話，也應當知道，當有位紳士坐在這裡抽煙的時候，您就不該再走進這節車廂了。」

你認爲誰的說法才正確？還是你覺得兩個人都不對？

答案當然見人見智，然而若從尊重別人的角度來思考，明知該處是吸煙間，卻偏偏選擇走進的夫人，其實是不對的。吸煙區是癮君子們唯一的去處，當然要尊重他們的使用權。

既知自己不喜歡煙味，何不退回到屬自己的地方呢？不難發現，現實生活中許多人也會犯下同樣的錯誤，把侵犯他人的自由視爲理所當然，以爲這樣做並無傷大雅，實則已損害了自己與他人之間的情誼。

學習尊重他人不難，而且相當必要。因爲學會尊重他人，也等於學會了尊重保護自己的智慧和人格。

這樣的人，當然較受歡迎。

心態決定事情的成敗

心態決定事情的成敗，處事只在態度，若不能嚴謹進行，不能以正確的態度對待，與其行動，不如不動。

工作成敗關乎態度，生活好壞也關乎態度。錯誤的態度常引人走進生活危機，也常帶著人跨入險境。

跨出腳步之前，請先檢視我們的決心，也請先檢視你我的態度是否認眞。少了這些，想成功恐怕難如登天。

上級下了指示，要各省在某個期限內讓文盲消失，但是，到了期限的前兩天，有個人卻急匆匆地跑到村長那兒，說他還不識字。

村長一聽急著跳腳，大罵道：「你說什麼？你會不會太過分了！不識字為什麼不早說？只剩兩天時間而已，你知道嗎？」

這個人解釋道：「對不起，因為我腦袋笨啊！」

村長說：「那你要我怎麼辦？現在已經一個文盲都沒有了，就只剩下你一個人，你真是搞破壞的！快快快，你快去找掃盲小組，求求他們幫助你，也許他們能在兩天內教會你一些字，讓你至少會一些字母。」

這個人聽了，搖頭說：「字母我早就認得了啊！每個人都只教我這個，我看了都頭疼。」

村長聽了，忍不住問：「什麼？那你會寫自己的名字嗎？」

「會啊！自己的名字我當然會寫！」這個人自信滿滿地說。

村長一聽，立即鬆了一口氣：「那沒事了，你回去吧！這樣也想當文盲？還不夠資格啦！我看你已經能教書了呢！」

這看似有趣的故事，實則能引得人深刻省思。

爲了迎合配合上級的目標，底下的人們努力地教人識字，然而最終結果，眞完成了嗎？

恐怕非但沒有，情況還變得更糟，因爲不正確的教育態度，不只給了人們錯誤的知識認知，還引導他們往向錯誤的方向思考。

在上者以草率的態度教育人民，還讓文盲者以爲會幾個字母就能教書，一代一代傳遞下去，結果會是何種情況？想必無須猜想便能預見。

心態決定事情的成敗，處事只在態度，若不能嚴謹進行，不能以正確的態度對待，與其行動，不如不動。

想不開，人生就不會精采

別讓自己困在一些莫名其妙的困境中，生活總會有些難關要走，要是想不開，你的生命就不可能太精采。

生活既是一種心靈的光合作用，也是一種心靈的享受。

如果我們不能妥善運用智慧，使自己成爲生活的眞正主人，那麼我們就會因而淪爲生活的奴隸。

巴克嘆了口氣說：「我真是不明白，有那麼多人命喪海底，為何還是有那麼多人要出海呢？」

比爾冷笑地說：「是啊，我也真是不明白，有那麼多人在床上死去，但你為何每晚仍然要上床呢？」

非常有意的反思反問，害怕海難，所以拒絕出海，害怕空難，所以拒絕搭機，像這樣因噎廢食的人其實不在少數。

只要仔細觀察，我們不難發現，這一類人其實也有著一種共通情況，那便是定見不足，容易被別人影響。面對環境改變，面對人生變動，稍不順心，這類人便退縮害怕，思考也越見偏頗！

仔細想想，給自己那麼多的設限，那麼多的阻隔，對自己又有何助益？只不過增添無謂的煩惱擔心罷了！入世出世同樣都得爲生命找生存空間，上山下海同樣都有機會遇到意外困難，唯有明白世事難料的道理，我們才懂得勇敢面對人生困境，也才能自在快意地享受人生啊！

生命最高尚的呈現，不在那些浮誇的道德口號，或是否能冷眼傲看世俗，而是懂得尊重所有生命呈現的方式。

眞正的智者不會告訴我們怎麼做是不對的，而是會告訴我們，要珍惜每一種。

如果還是想不開，那麼何妨跟著印度隱士一同動動腦。

在印度，有看破紅塵的男子決定遠離人間，便來到森林裡隱居，唯一與世俗接觸的，應該就屬他身上圍著的一塊布。

在森林裡住了一段時間後，他發現森林裡的老鼠很多，麻煩的是，那些老鼠經常趁他睡著時，將他身上的布條咬破，弄到最後，他實在受不了了，只得下山向人們要了幾隻小貓來養。

只是有了貓，就得照顧貓的食物來源，這幾隻小貓很愛喝牛奶，因此他又不得不飼養一頭母牛來餵飽小貓們。

有了牛，總得有人看管，於是他請了一個牧童來幫忙看牛，這會兒新的問題又來了：「總要提供牧童一個居住的地方吧！」

是的，這位面面俱到的隱士請人蓋了一間小房子給牧童居住，於是俗事一件拖一件，隱士看見小屋完成時，不禁感嘆地說：「唉，原來是想遠離人世，沒想到俗事卻反而越來越多！」

想遠離世俗，卻未料招來更多俗世煩惱，其中不正暗喻著人們常見的迷思，明明離不了人間俗世，明明躲不開自身缺陷，卻偏偏要裝品格清高，偏偏故作聰明，用以隱匿心中的寂寞與自卑？

其實，入世出世都能自在生活，眞正的隱士不會離群索居，因爲他們知道，與其把自己封鎖於山林囚牢，不如以瀟灑自在的身影穿梭人間，反而更易獲得自由心靈與觀世智慧。

人始終切不斷與人群的關係，也大可不必斷絕切割，既然世事難料，那麼與其逃避閃躲，何不學著迎接面對？

覺得日子難過，就要求自己多一點輕鬆幽默，別讓自己困在一些莫名其妙的困境中，生活總會有些難關要走，無論天有多高，水有多深，人總免不了要飛上天際，總要潛入深海！

不如就多元地去嘗試吧，要是想不開，你的生命就不可能太精采。

尊重別人等於尊重自己

尊重別人就是尊重自己，想減少人和人之間的摩擦，想得到別人的支持和肯定，再也沒有什麼比「謙恭有禮」四個字更重要的了。

戲院內，有個婦人轉過頭，對著後面幾個一直嘰嘰喳喳不停的女孩們說：「對不起，我想好好看戲，妳們應該不會反對吧？」

沒想到，其中一個女孩說：「當然，不過，妳好像看錯方向了！」

看似幽默趣味的話，事實上卻是極不禮貌的回應，欠缺應有的「尊重」。

一個不懂尊重別人的人，自然也難以得到別人的尊重。很多時候，個人自由權利看似正當，事實上總是侵害別人權利，遇到這種讓自己「難過」的狀況，應該如何幽默以對呢？

看看下面這個故事吧！

都已經凌晨一點了，樓上住戶的舞會還不結束，吵雜的音樂聲和吶喊聲不斷透過天花板和窗口傳進鄰居們的耳裡。

不久，有個鄰居打給這戶人家：「是柏肯先生嗎？」

「是的，馬可士！請問有什麼事嗎？」柏肯先生說。

「是這樣的，柏肯先生，我想向你借一下音響。」馬可士先生說。

「喔？你也想開舞會嗎？」柏肯先生大聲地說。

馬可士先生聽了，也大聲地回答：「不，我想睡覺了！」

換個角度想，如果今天是柏肯先生遭遇相同的情況時，他是否承受得了？會不會出聲抗議？

現代社會過分強調個人自由，往往衍生了錯誤的生活態度，不懂尊重別人的人，最後也得不到尊重。

這正是今天社會常見的人際問題，這一類人事事只想到自己，只想占人便宜，看似占盡上風，事實上卻是醜態百出，往後想再要別人信任或支持恐怕不易。

試想，如果在你我之中有人像女孩們一樣，對於人們的好心勸說總不屑一顧，或是和柏肯一樣老忽略了別人的感受，忘了應有尊重，那麼不妨試著把自己的角色替換一下，站在別人的立場想一想，試想如果換做是我們，結果會是如何？是否和馬可士或婦人一樣會感到不悅？

無論如何，別用冷言冷語回敬別人溝通的心意，因爲聰明的人絕不會放棄溝通的機會，也不會忘記尊重別人的重要。尊重別人就是尊重自己，想減少人和人之間的摩擦，想得到別人的支持和肯定，再也沒有什麼比「謙恭有禮」四個字更重要的了。

用鼓勵代替冷言冷語

把心放寬一些，學會用鼓勵的方式來振奮人心，而不要用指責或苛責的話來刺激對方，或者更能激發對方積極向上。

乞丐對著一名富翁說：「先生，您能不能給我一點錢，讓我買杯咖啡？」

富翁不屑地說：「你憑什麼要我請喝咖啡？你為什麼不靠自己的勞力養活自己？我認為，人類需要的是更多的聰明智慧，而不是更多的錢。」

乞丐點了點頭說：「是的，先生您說得很對，一如您所說的，請允許我幫您分擔那些您已經太多的東西！」

富翁看似有心規勸，實則話中隱著歧視態度，任誰聽了都覺得不舒服吧！反觀故事中的乞丐，看著他反唇相譏，嘲諷富翁空有財富卻智慧不足，想必讓不少人莞爾一笑吧！

常見的人際溝通當中，其實這類情況經常出現，有些人說話總愛兜兜轉轉，以爲能藉此掩飾心中的不滿與不悅，殊不知話中帶話，反而更容易造成人們誤解。又有一些人以爲暗中嘲諷，對方便不會察覺，但事實上反而更添對立！

與人相處，最重要的是心意眞誠，即使玩笑話也要多一點恭謙溫厚的態度，太過針鋒相對，一點也無益於彼此間關係的維護，一如下面這則故事。

男子對著朋友們說：「你們看，我的頭髮依然如此烏黑亮麗，但不知道為什麼，我的鬍鬚卻越來越白了?你們知道這是什麼原因嗎？」

其中一位朋友聽了，冷冷地回答說：「原因很簡單，那是因為你用嘴的時候，比用腦的時候多！」

試想，如果朋友像這樣冷言嘲諷對待，有多少人不會感到不悅，又有多少人眞的能一笑置之？心中不會出現疙瘩的總是少數，多數人還是會感到不悅且不滿，畢竟沒有人喜歡被人否定、嘲笑，人總是希望自己能被肯定或被尊重對待，不論身爲乞丐，還是和我們親近的友朋。

這樣的人際互動道理其實並不難懂，想少一點對立，話便得說誠懇謙遜些，不是眞話說不得，而是話中要少一點針對，少一點嘲笑諷刺，才能少一點人際衝突與溝通阻礙！

別忘了一念之心的重要，我們總在不經意間將待人處世的態度展現出來。別人是正面肯定，還是偏頗否定，我們都能輕易地感受到，若是後者，即使我們不計較、對抗，心中也不免存有芥蒂，彼此之間從此便多了一條裂縫，即使不明顯，始終是個隱憂，難以預料何時會爆開。

所以，把心放寬一些，學會用鼓勵的方式來振奮人心，不要用指責或苛責的話來刺激對方，或者更能激發對方積極向上。對話少一點冷嘲熱諷，自然讓人少了那些不必要的壞情緒，自然能擁有圓融和氣的人際關係。

用幽默製造「笑果」

幽默的說話方式可以打破人際關係中的僵局，
避免許多尷尬的場面，
還可以製造「笑果」，博得眾人的掌聲。

嘲笑自己，也是一種魅力

嘲笑自己可以在你得意的時候輕鬆化解別人的嫉妒，也可以在自己失意的時候藉由它來漂亮退場。

自嘲是每個人邁向幽默的第一步，也是最艱難的一步。懂得自嘲的人才能從容面對別人的惡意攻擊。

老李在餐廳裡頭坐了很久，看到別桌的客人一個個大快朵頤，吃得津津有味，只有自己獨自枯坐在那裡，沒有侍者前來招呼，便起身問餐廳經理：「不好意思，請問……我是不是坐到觀眾席了？」

一位作家剛發表一篇小說，獲得了很好的評價。

但或許是所謂的「文人相輕」，另外一位作家對此情形不以為然，還特地跑去糗他：「這本書寫得還不賴，但是……是誰替你寫的？」

只見被嘲諷的作家笑著回答道：「謝謝你的誇獎，不過，我想知道，是誰替你把它讀完了？」

一個人擅於開自己的玩笑，讓旁人開懷大笑，大家會認爲「他犧牲自己來帶給別人歡樂」，這樣的人，又怎麼可能會交不到朋友呢？

從表面上看來，嘲笑自己似乎是一件委屈的事，但實際上，這份幽默感可以在你得意的時候輕鬆化解別人的嫉妒，也可以在自己失意的時候藉由它來漂亮退場。

它是魅力的泉源，也是成功的基石。當一個人連自己都可以嘲笑了，還有什麼理由不能笑看天下呢？

用幽默製造「笑果」

幽默的說話方式可以打破人際關係中的僵局，避免許多尷尬的場面，還可以製造「笑果」，博得眾人的掌聲。

一對雙胞胎兒子從學校回到家裡，很興奮地告訴他們的母親說，她已經被他們全班同學投票選為最漂亮的母親了。

這名母親聽了，當然非常得意，但是她後來想一想，不對！她兒子的同學沒有一個人見過她，又怎麼知道她長得到底有多漂亮呢？

於是，她便追問兩個兒子事情的經過。

兒子笑瞇瞇地回答說：「我們班上每一個同學都投票給自己的媽媽，只有妳得到了兩張票，所以當選的人當然是妳囉。」

出其不意的幽默感，往往能讓人會心一笑。同樣的，想嘲諷別人的時候，出其不意的答話方式，也很容易達成效果。

一名法國人和一名德國人來到台灣，受邀到一家知名的川菜餐廳吃飯。席間，法國人先嚐了一大口「夫妻肺片」，卻因為不小心連辣椒一起吃下去了，所以辣得熱淚盈眶，泛紅的眼眶裡滿是淚水。

德國人見狀，關心地問：「你怎麼啦？」

法國人自覺沒有面子，不好意思說出實話，只好說：「沒什麼！我只是突然想起我媽媽，心裡有點難過！」

過了沒多久，德國人也吃了一大口「夫妻肺片」，同樣吃到辣椒，被辣得痛苦流涕。法國人看了，好奇地問：「你怎麼啦？」

德國人擦擦眼淚，淡淡地回答：「沒什麼啦，我也想起了你媽媽！」

這話說得讓法國人大為不解，繼續追問道：「你流眼淚就流眼淚，幹嘛也要想起我媽媽？」

德國人聳聳肩，說道：「沒辦法！我想起了你媽媽，不知道她怎麼會生出你這麼一個不誠實的兒子呢？」

哈茲里特曾經寫道：「幽默詼諧是談話的調味品。」

想批評、指責對方，不一定要板著臉孔，如果你懂得發揮創意，適時幽對方一默，更能達到自己的目的。

一個有幽默感和風趣的人，比較容易取得別人的喜悅。幽默的說話方式可以打破人際關係中的僵局，避免許多尷尬的場面，還可以製造「笑果」，博得衆人的掌聲。

難怪麥克阿瑟將軍爲他兒子寫的祈禱文中，除了期望他堅強勇敢、心地善良、勇於接受磨練之外，還期盼上帝賜給他充分的幽默感呢！

別為了娛樂自己而讓別人尷尬不已

開玩笑要開得點到為止。最高明的幽默，是要令人會心一笑，而不是像個傻瓜似的讓別人對自己捧腹大笑。

你曾經有過講錯話而遭到訕笑的經驗嗎？

所謂「君子一言既出，駟馬難追」，講過的話是潑出去的水，你曾經爲了這灘污水而輾轉難眠，不知所措嗎？

放心，比你更烏龍的還大有人在。

講錯話沒關係，最怕的就是說錯了話卻不自知，還沾沾自喜，那可就眞的是雪上加霜了！

清朝的時候，有一個有錢的員外，有四個如花似玉的女兒，分別嫁給四位號稱才高八斗的女婿。

這一天，員外一年一度的壽辰到來了，所有的親朋好友都前來祝壽。壽宴進行到一半時，有人提議來個「詩詞對句」增添氣氛，此時，員外的四個女婿當然是當仁不讓！

員外出了一個題目，規定對句裡一定要有「大小多少」這四個字才算合格，你爭我鬥的對句競賽於焉登場。

大女婿反應最快，他看了看手裡的扇子，文質彬彬地開始說了：「我這把扇子啊，用的時候大，不用的時候小；夏天用得多，冬天用得少。」

現場一陣掌聲如雷。

二女婿聽了，立刻站起身子走到門口，指著門邊擺放的傘不甘示弱地說：「我這把傘啊，用的時候大，不用的時候小；雨天用得多，晴天用得少。」

眾人又是不斷連聲稱好，三女婿的學問最差，但這時「輸人不輸陣」，他也不得不跳起來了。

他操著粗聲粗氣的山東腔指著自己的嘴巴，說道：「我這張嘴巴啊……用的時候大，不用的時候小；罵髒話用得多，刷牙用得少。」

現場一片譁然，四女婿只好趕忙跳出來解圍。

只是，他的腦袋一片空白，根本想不出來任何和「大小多少」有關的對句。眼看著氣氛僵凝了起來，四女婿突然靈光一閃，他站直身體，往自己的那話兒一比，胸有成竹地說：「我這傢伙啊，用的時候大，不用的時候小；晚上用得多，白天用得少。」

我的天哪！這下子，女眷們聽得個個漲紅臉尷尬不已，員外的臉更是不知道該往哪裡擺了！

想當然爾，這個好面子的員外從此再也沒有擺過壽宴了。

很多不學無術的人講話粗俗，喜歡亂開黃腔，經常把場面搞得尷尬不已，卻自以爲是幽默大師。

黃色笑話或許會讓人覺得很有趣，但是講錯了場合，搞錯了對象，就不是一件那麼有趣的事了。

滿腦子黃色思想的人，你可以說他不隨俗流，也可以說他敢做敢言，但是在更多人心目中，那卻是荒淫污穢，面目可憎。

記住，說笑話的目的是在娛樂別人，而非娛樂自己。

講話要講得恰到好處，開玩笑要開得點到爲止。最高明的幽默，是要令人會心一笑，而不是像個傻瓜似的讓別人對自己捧腹大笑。

明槍易躲，「暗賤」難防

人生在世，難免招惹流言蜚語，但只要輕鬆因應就能脫離窘境。不必急於辯白駁斥，才不會讓那些想要看好戲的人陰謀得逞。

古人之所以會強調「明槍易躲，暗箭難防」，是因爲「暗箭」通常都是見不得人的卑劣勾當，而且多半在人春風得意的時候，冷不防地從背後襲來。

最糟糕的是，我們通常搞不清楚「暗箭」傷人的到底會是張三、李四，還是王二麻子，因此防不勝防。

最常見的「暗箭」，就是不利於自己的流言蜚語與八卦傳聞。

法國著名的思想家伏爾泰就曾經這麼深刻地寫道：「死者不在乎誹謗中傷，活人卻因它而怒極身亡。」

其實，「暗箭」傷人有著奇妙透頂的規律，越是想撲殺它，它就越生機勃勃，一旦不理會它，它就自然而亡。遺憾的是，這個道理雖然人人都懂，但卻因爲不知如何因應，而屢屢爲這些「暗箭」所傷。

修車廠裡，工人們一邊吃便當一邊聊天。談笑之中，杰哥得意地問大家：「你們有沒有聽過畢昇這個人？」

「沒聽過。」眾人不約而同地回答。

杰哥於是倚老賣老地說：「唉，如果你們像我一樣，利用晚上的時間去補習求知，你們就會知道畢昇就是發明印刷術的人。還有，你們有沒有聽過馬登這個人？」

所有人面面相覷，大家都不知道馬登是何許人也。

杰哥繼續驕傲地說：「馬登就是培植馬鈴薯成功的人。唉，你們這些愚蠢的人類啊，如果再不學學我，利用下班以後的時間去補習，我看你們是一輩子都不會有學問的……」

說到這裡，一個年輕的修車師傅滿臉不悅地接著說：「哼！我知道你懂畢昇、馬登這些已經作古的人，但是，我倒要請問你，你有沒有聽過一個叫王二麻子的人？」

「沒聽過。」杰哥回答得好不尷尬。

年輕的修車師傅接著說：「那我告訴你，王二麻子就是趁著你晚上去補習時，和你太太睡覺的人！」

所謂美滿的人生，就是不羨慕別人的幸福，也不向別人炫耀自己的幸福，否則背地裡嫉妒的「暗箭」就會向你襲來。

英國作家托馬斯．富勒曾經說過：「最能讓惡毒的舌頭得到滿足的，莫過於他人憤怒的心。」

人生在世，難免招惹流言蜚語，但只要輕鬆因應就能脫離窘境。

當你遇到有人當面揶揄譏諷，或是在背後散佈惡毒的壞話，不必急於辯白駁斥，而應該冷靜地說，「暗箭傷人」的人顯然不十分了解自己，否則就會抖出更多不為人知的缺點和隱私。

如此一來，才不會讓那些想要看好戲的人陰謀得逞。做人千萬不要因為一時的得意而忘形，也不要因爲一時的失意。

一個人只要能夠正確掌握自己的目標，無論身在高處低處、順境逆境，都能從心所欲、寧靜自得。不爲外物所囿，也不向挫折屈服，這樣的人生，才是眞正屬於你自己獨一無二的人生。

何必硬跟別人比愚蠢

人在評斷自己與他人時，用的往往是兩把尺，所以才會發生不跟別人比聰明、專和別人比愚笨的蠢事。

同樣的事情發生在不同的人的身上，會造成不同的結果，原因在於這個世界上，沒有兩個人的想法完全是一模一樣的。

因此，千萬不要老是用自己觀點去揣量別人，因爲有些天兵天將的智慧實在不是我們這些平常人可以理解的。

大寶是個非常積極向上的年輕人，花了許多年的時間到城裡打拼，好不容易賺到了一百兩黃金，光榮地回到他生長的村莊。

為了保險起見，大寶偷偷把黃金埋在家門口的樹下，但是他仔細地想了想，這還不夠安全，於是，他又在樹下豎立一塊告示牌，寫著「這裡沒有黃金」，以為這樣就可以高枕無憂了。

沒想到，過了兩天，同村的阿德經過此地，一看見這塊告示牌，便哈哈大笑，說道：「這個人真笨，我敢打賭，這裡一定有黃金！」

然後，阿德就不費吹灰之力，輕輕鬆鬆地抱走了所有黃金。

然而，這畢竟是不勞而獲所得來的錢財，阿德覺得有些良心不安，便也依樣畫葫蘆，立了塊告示牌，註明道：「這裡的黃金不是阿德拿走的」，這才放心地離開。

等到大寶前來察看之時，發現黃金竟不翼而飛，自然感到又生氣又焦慮。

他看了看旁邊新立的告示牌，突然靈光乍現，興奮地大叫：「我知道黃金是誰偷的了！」

於是，他馬上拿著擴音器，向著全村大喊：「除了阿德以外，村子裡所有的人統統給我出來！」

明槍易躲，「暗賤」難防，但是，偏偏有人就會笨到把「賤」字寫在臉上的小人當成好人。

別笑故事裡的兩個主角太愚蠢，在現實生活中，我們不也和這兩個笨人類似，一直做著同樣的蠢事？

人總是只看見別人的錯，卻不容易看到自己的錯。即使前車之鑑擺在眼前，我們還是依然會犯相同的錯，因爲，人實在沒有自己以爲的那麼聰明，而且，人也沒有自己想像的那麼幸運。

別人的成功叫做僥倖，自己的成功才是全憑實力；別人的失敗叫做活該，自己的失敗才是冤枉。人在評斷自己與他人時，用的往往是兩把尺，所以才會發生不跟別人比聰明、專和別人比愚笨的蠢事。

不要當狂妄自大的井底之蛙

人如果一直活在自己的世界裡，便不會在乎自己是個知足常樂的青蛙，還是一個見識鄙陋、目光短淺的井底之蛙。

做隻小魚缸中的大魚，傲然活在自己的世界裡睥睨萬物，未必有什麼不好，但是，你不能不知道自己身處的魚缸有多小，不然的話就會被當成狂妄自大的神經病。

一名精神病患發病之後便自認為是上帝，即使被送進療養院以後，仍舊堅持自己就是上帝。

醫生花了半年的時間，仔細的研究他的病情，加以護理診治，發現他的情況漸漸有所改善，便召他到辦公室裡加以檢視。

檢視的方式很簡單，醫生手持一本《聖經》，在病人面前朗誦「創世紀」一章，看看病人有沒有什麼反應。

剛開始，情況讓醫生相當滿意，病人僅僅微笑點頭，沒有作聲，感覺上絲毫沒有受到《聖經》的影響。

一直到醫生唸到夏娃受到蛇的誘惑，吃了生命樹上的蘋果那一段時，病人忽然開口說：「你錯了，夏娃吃的不是蘋果，而是香蕉。」

「怎麼可能？聖經上明明寫的是蘋果，怎麼會是香蕉呢？」醫生問。

病人兩手一攤，以一副「神愛世人」的架式微笑著說：「香蕉是我拿給夏娃吃的，我怎麼會弄錯呢？」

在這個社會裡，每個人都患有某種程度的精神病。

一個人若是太專注於自己的想法，便再也聽不見來自外界的聲音。一個人若是缺乏了寬闊的胸襟，任何事對他來說也就絲毫沒有影響力，結果就會像故事中的精神病患，認爲自己就是上帝。

人如果一直活在自己的世界裡，聽不見別人的聲音，容納不下外界事物，便永遠無法知道這個世界到底有多大。

當然，他也不會在乎自己是個知足常樂的青蛙，還是一個見識鄙陋、目光短淺的井底之蛙。

不要把自己膨脹得太誇張

一個人稍微有一點作為，就自我膨脹，膨脹到了太大、太重、太誇張的程度，別人哪來的肚量「看得起」他呢？

現代人很容易得到「大頭症」，這種病雖然不足以致命，卻會讓身旁的人一個個巴不得你趕快死掉！

一名三流演員巡迴演出回來，向朋友炫耀說：「我這次的演出真是空前的成功啊！你知道嗎？我在露天廣場上演出的時候，觀眾的掌聲居然長達五分鐘都沒有停止呢！」

「那只不過是你運氣好，」他的朋友酸酸地說：「等到你下個星期再演出時，恐怕觀眾的反應就沒有那麼好了。」

「為什麼?」演員詫異地問。

朋友回答:「因為,天氣預報說,下個禮拜氣溫會下降,那麼一來,蚊子就會少很多了。」

當一個人把自己放在世界的中心,便再也看不到四周旋轉的宇宙。

常聽人計較說:「他瞧不起我!」

事實上,好好的一個人爲什麼會無端被別人瞧不起呢?那是因爲他稍微有一點作爲,就自我膨脹,膨脹到了太大、太重、太誇張的程度,別人哪來的肚量「看得起」他呢?

所以,縮小自己,是人生在世最重要的修行之一。一個人若是可以把自己縮到最小,他自然越有機會鑽進別人的心裡,讓人打從心坎底的欣賞。

落井下石沒什麼好處

別人的失敗痛苦，不該是自己的快樂。你可以慶幸遇到難堪的不是你，但也應該要想到，明天遭遇相同處境的可能就是你。

活在這個世界的人類，大致可以分成兩種。

第一種人看到別人犯錯，會慶幸地想：「幸好犯錯的不是我……」

另外一種人看見別人犯錯，會得意地想：「既然犯錯的不是我……」

有一個似曾相識的故事是這麼說的。

一群人包圍著一個出軌的女人，準備將她處死。

此時，傳佈福音的耶穌剛好經過，立刻出面主持正義，希望能夠拯救這名可憐的女子免於死罪。

只是，眾人似乎不理會耶穌的勸阻，他們對耶穌說：「這個女人犯了通姦罪，按照法律，應該遭亂石砸死。」

耶穌聽了，微笑地對眾人說：「好！你們中間自認為沒有罪的人，可以首先砸第一塊石頭。」

此話一出，眾人面面相覷，每個人都不約而同地想起自己曾犯的罪過，個個面露慚愧之色，誰也不好意思動手。

就在這個時候，突然一位中年婦女正義凜然地從人群中挺身而出，拎著一塊手掌大的石頭，瞄準女子，狠狠地朝她頭上砸去，令那名犯罪的女子當場頭破血流，昏倒在地。

耶穌見狀，無奈地搖了搖頭，走到那名中年婦女身邊，喟嘆道：「您真會拆我的台啊，媽媽。」

正所謂「得饒人處且饒人」，落井下石對你本身並沒有什麼好處，反而有可能惹來無窮的後患。

要知道，地球是圓的，運勢也是不斷變動的。世事迅速無常，站在低處的人總有一天會走到高處，站在高處的人也可能會有虎落平陽的一天。

如果你的寬容能讓別人免除一些災難，那麼你又何樂而不爲呢？又何必執意要對落難的人丟石頭？

別人的失敗痛苦，不該是自己的快樂。你可以慶幸遇到難堪的不是你，但也應該要想到，明天遭遇相同處境的可能就是你。

用平常心面對，才不會產生誤會

人們不能操縱別人的嘴巴，卻能控制自己的想法。既然如此，你又何必為了別人的一句話而耿耿於懷呢？

說出去的話如同潑出去的水，原本你只是想要澆花，沒想到對樓下路過的人來說，卻是一場天上掉下來的災難。

從你口中說出來的話和別人耳裡聽進去的話，明明是同樣的文字排列組合，卻往往產生了兩種不盡相同的意思。

一位出名的外科大夫有個七歲的小女兒，小女孩天真活潑，整天在爸爸工作的醫院裡跑來跑去。凡是遇到別人問她是什麼人，她都會笑著說自己是「侯醫生的女兒」。

母親看到了，立刻訓斥女兒一番，認為她這麼介紹自己容易使別人產生反感，覺得她是一個虛榮勢利的丫頭。

「從今以後，別人問妳是誰，妳只要說自己是侯小妹就好了。」母親鄭重地告誡女兒。

過了幾天，醫院裡的一名醫生碰到侯小妹，熱情地向她打招呼說：「妳不是侯醫生的女兒嗎？」

「我一直認為是，可是前幾天，不知道為什麼，媽媽卻跟我說不是……」小女孩吶吶地回答。

很多事情用平常心面對，就不會讓人產生誤會。

在大人的眼中，「侯醫生的女兒」是一頂金錢打造的皇冠，是虛榮勢利的代名詞；但在孩子的眼中，「侯醫生的女兒」只是實話實說，一點囂張的氣味也沒有。

很多時候，事情沒有一定的對與錯，完全憑著各人自己去解讀。

很多時候，說者明明無心，聽者卻偏偏有意。
人們不能操縱別人的嘴巴，卻能控制自己的想法。
既然如此，你又何必為了別人的一句話耿耿於懷呢？他說的不一定就是那個意思；你不是他，即使想破了頭，也不能肯定他就是那個意思。為了別人的想法而讓自己不快樂，多麼沒有意思！

用風趣感染衆人的情緒

維持場面氣氛和諧的能力，
是現代人必須注重的。
風趣、活潑具有感染力，
讓自己帶著燦爛笑容和別人來往。

用風趣感染眾人的情緒

維持場面氣氛和諧的能力，是現代人必須注重的。風趣、活潑具有感染力，讓自己帶著燦爛笑容和別人來往。

有一天，蘇格蘭詩人貝恩斯在泰晤士河畔的大街上散步，正好看見一個溺水的富翁被人從河裡救了上來，那個冒著生命危險營救富翁的窮人，竟然只得到一個銅板作為報酬。

圍觀的行人都被這個富翁的吝嗇行為激怒了，起鬨要把他再扔回河裡去。這時，貝恩斯上前阻止道：「放了這位先生吧，他十分瞭解自己的價值！」

在社交場合碰到無法解決的狀況，神情尷尬、沉默不語只會讓場面更加難堪。不如運用幽默的力量，正視問題，進而解決它，不但可以扭轉局勢，也可以讓別人對你留下一個好印象。

法拉第是十九世紀英國物理學家和化學家，也是第一部馬達和發電機的發明者，以及近代磁學的奠基人。

有一次，法拉第應邀發表一篇關於電磁感應理論的演講，前來聽講的成員從碼頭工人到貴族、教授，各階層人士都有，大家一律平等，先來的有位子坐，晚到的只好坐走廊。

結束後，一個無知又傲慢的貴婦人，有意當眾挖苦他，便問：「請問教授，你講的這些東西有什麼用呢？」

只見法拉第一點也不氣惱，反而詼諧地反問：「夫人，您能預言剛生下來的孩子有什麼用嗎？」

大文豪蕭伯納的戲劇中，常常揭露資本家醜惡的面目，因此，那些大富翁們對他又氣又恨。

一次，有個富翁想在大庭廣眾的場合羞辱蕭伯納，便揮著手大聲地說：「人們都說，偉大的戲劇家都是白癡。」

聽了這番謾罵，蕭伯納不在意地笑了笑，隨即回敬道：「先生，我看你就是最偉大的戲劇家。」

這些在學術上、成就上被攻擊的名人，都有一套應對的方法。他們幽默的言語，不僅化解了場面的氣氛，還博得好名聲。

維持場面氣氛和諧的能力，是現代人必須注重的。

我們都有進入社交圈的一天，如何讓自己在其中處之泰然，是否具備足夠的幽默感便是一個重點。

風趣、活潑具有感染力，能讓自己帶著燦爛笑容和別人來往。

幽默能使自己處處受歡迎

幽默的最大目的，就是希望對方能和自己共享樂趣，避開讓人不愉快的話題，將注意力導向輕鬆面。

英國首相邱吉爾過七十五歲生日時舉行了盛大的茶會。一名年輕的新聞記者參加了茶會，真誠地對邱吉爾說：「真希望明年還能來祝賀您的生日。」言下之意就是祝賀邱吉爾能健康長壽。沒想到，邱吉爾聽了這話卻拍拍他的肩膀說：「年輕人，我看你身體這麼壯，應該沒問題。」

人們容易被談吐幽默且風趣的人吸引，對他們產生好感。這是因爲與人來往時，和一個不苟言笑、正經八百的人相比，通常人們會比較傾向尋求一個能讓自己快樂的對象。

幽默感和一個人的人生態度、生活感受都有關係。或許你會說：「怎麼辦？我就是天生沒有幽默感！」

別擔心，只要多多觀察那些受歡迎的人是如何展現他們的魅力，相信你也能找出一套屬於自己的幽默風格。

有一次，生物學家赫胥黎講完課，問他的學生是否有不清楚的地方。

有一個學生回答說：「先生，只有一部分不清楚，就是您站在我和黑板中間，遮住我視線的那部分。」

赫胥黎風趣地回答道：「我已經用了最大的力氣使自己講清楚課程，這樣看來，我還是沒本事讓自己變透明。」

有一位西方名作家訪問日本，應邀到一所大學演講，由於大多數學生的英語聽力都不是很好，所以請了一位心理學教授臨時為他翻譯。

這位名作家說了一個又長又有趣的故事，一口氣講完後才停下來，請教授把故事譯成日語。

只見這位教授開口才幾秒鐘，就傳來滿堂笑聲。

課後，這位作家向這位臨時翻譯表示感謝，並虛心地請教他：「請告訴我，你是如何把我那麼長的故事用日語翻譯得那麼短呢？」

「我根本就沒翻譯那個故事。」心理學教授直接了當地笑著說：「我只是說，『作家先生剛才講了一個有趣的故事，請諸位都放聲大笑！』」

戲劇家蕭伯納成名以後，許多人用各種理由來拜訪他，讓他不堪其擾。

有一天，英王喬治六世前去訪問這位文豪，寒暄之後，兩人很快就相對無言了，蕭伯納更是連多說一句話的興致都沒有，兩人只好沉默對坐。

過了許久，蕭伯納看英王遲遲沒有離去的舉動，便慢慢地從口袋裡掏出懷錶，然後一個勁地盯著錶看，直到英王不得不起身告辭。

事後，有人問他喜歡不喜歡喬治六世，蕭伯納微微一笑，風趣地回答：「當然，在他告辭的時候，確實使我高興了一下。」

幽默的最大目的，就是希望對方能和自己共享樂趣，避開讓人不愉快的話題，將注意力導向輕鬆的一面。

只要能領會其中的學問，就能讓自己成為一個受歡迎的人。

用幽默的心情看待人生

生活中處處都有歡樂！只要用心觀察，不僅止於言語，任何有聲、無聲的標語，都可能是激發笑聲的果實。

現實生活中隨時有意外降臨，也難免有左支右絀的情況發生。當你的願望一時無法達成，或是出現尷尬的情況，與其一味抱怨、懊惱，不如用幽默的方式幽自己一默，哈哈一笑將事情帶過。

世界，就是幽默的舞台，無時無刻，我們都可能在生活中發掘、製造出幽默。尤其是讓我們煩擾的事情、常犯的錯誤，或者是某種缺陷，都能轉化成幽默題材，進而幫助自己面對問題。

某一天，大頭到市集買了一張新桌子，打算揹著回家，不料才走到半路，天色已經暗了下來。

桌子又大又重，累得大頭滿身是汗，他越想越氣，於是丟下桌子罵道：「兩條腿的揹四條腿的，實在太不公平了！好，老子把你丟在這兒，看你怕不怕！」說罷，便自顧自地走了。

回到家裡，妻子問起桌子，他沒好氣地說：「我把它丟在大路旁了！」

妻子聽了，怕桌子被人拿走，急忙催他快去搬回來。

大頭只好提著燈籠回到原來的地方，一看桌子還在，便伸手想搬起來。誰知一摸，桌面上到處是密密麻麻的露珠，濕漉漉的。

大頭好不得意，笑道：「半夜獨個兒在這裡，嚇出一身冷汗啦，現在該老實點了吧！哈哈……」

馬丁路德曾說過：「如果天堂裡不准笑，我寧可不上天堂。」

生活中處處都有歡樂！只要用心觀察，就能讓每天在笑聲中度過。生活的幽默不僅止於言語，任何有聲無聲的標語，都可能是激發笑聲的來源。

上下班或假日出遊時的塞車陣仗，是否讓你覺得痛苦和疲倦？那麼請看以下幾則汽車標語，必能讓你在惱人的車陣中，仍能享有輕鬆的心情。

「當您看到這行字時，就表示您的車離我太近了。」

「駕齡兩年，第一次摸車！看著辦！」

「就當我是紅燈。」

「別看我，看路！」

「我是盲人。」

只要能注意日常生活的小細節，即使是令人感覺悲傷的「墓誌銘」，也能使你有個愉快的心情，以下就是幾則妙語。

「啊，我終於知道了人類最大的秘密！可惜我無法告訴你！」

「我從前是個胖子，現在和所有躺著的人一樣有骨感！」

「別老盯著我的房子，你遲早也會有一間的！」
「謝謝你來看我，我會時常上去看你的。」
「禁止在此小便，違者沒收工具！」
「我這裡三缺一，就缺你了。」
「歡迎光臨，有事敲門！」

童言童語讓人無法抗拒

孩子的世界很單純，尚未接觸混亂的思想，所以能坦誠待人，毫不掩飾地說出真相，童言童語常叫人感動。

父親問兒子：「今天怎麼沒去上學呢？」

兒子：「學校今天開始放暑假。」

父親：「喔！那成績單應該出來了吧？拿來給我看看。」

兒子將成績單遞過去。

父親不悅唸著：「大笨蛋一個，又是零分。」

兒子不高興地說：「我只有一個零分，坐在我後面的王小明考了一〇〇分，比我還多一個零呢！」

父親聽了哭笑不得，也不再生氣了。

孩子的世界很單純，尚未接觸社會複雜、混亂的思想，所以能坦誠待人，毫不掩飾地說出眞相，童言童語常叫人感動。只要我們能像孩子般，擁有足夠的好奇心和觀察力，模仿他們的思維方式，就能產生強烈的幽默效果。

德國作家大仲馬四歲的時候，父親去世了，母親在丈夫斷氣之後傷心走出房間，看到大仲馬拖著一枝很重的長槍，順著台階往閣樓爬。

「你要到哪兒去呀，孩子？」母親問。

「到天堂去呀。」大仲馬回答。

「哎呀，你到天堂去幹嘛？」母親驚訝地問。

「跟上帝決鬥去！」大仲馬說：「他把我爸爸弄死了。」

週末下午，媽媽帶著還讀幼稚園中班的兒子到公園散步，那天剛好有多對新人來拍婚紗照，小男孩高興地跑來跑去，看看誰的新娘漂亮。

突然，他哭著跑回來，一邊跺腳一邊說：「媽媽，漂亮新娘都被別人娶走了，以後我怎麼辦？」

媽媽見狀，摟著他安慰說：「別擔心，等你長大以後，會有更漂亮的新娘子等著嫁給你。」

小男孩止住淚水，問道：「她真的會等我長大嗎？那要等多久？」

女兒：「爸爸，你有幾個名字？」

父親：「我只有一個名字呀！」

女兒：「爸爸不可以說謊喔！你明明還有另一個名字。」

父親：「什麼名字啊？」

女兒：「淘氣啊！」

父親：「淘氣？誰告訴妳的？」

女兒：「我們老師啊！今天早上上課的時候，老師在全班同學面前說我是『淘氣』的孩子。」

許多有趣的故事，常常和兒童相關，他們用自己一套想法看待生活，有些看似「責備」的話語，在孩子心中卻可能變成另一種解釋。

若是大人也能以同樣的角度照顧他們，就能享受孩子帶來的歡欣、快樂，童心，是上天賜給人們最可貴的禮物。

兒子：「爸爸，護士阿姨打針前為什麼要用棉花球擦我的屁屁呢？」

父親：「那是酒精啊！她們要先讓你的屁股喝醉，再打針就不痛了。」

兒子：「可是打針時，我還是痛啊。」

父親：「那是你的酒量大。」

父親的最後一句話，雖然超越孩子的世界，卻有孩子般快樂的情趣，年紀再大，也抹滅不了「童真」的存在。

讓自己灑脫，便能快樂生活

犯不著怒目相向，在可以選擇的範圍內，何妨讓自己灑脫一點，用幽默的方式看生活，帶著笑容離開傷害你的人。

「你說，你要怎麼解決這件事情？」

一個從外地回來的丈夫，當場看到他的妻子和一個男人裸體躺在床上。他憤怒地抓住那個男子的上臂，嚇得那男子支支吾吾，不知該怎麼辦才好。

「你不知道該怎麼辦是不是？那我告訴你，你只要幫我付清離婚費用，她就完完全全地送給你。」

如果每一段不愉快的戀情，都能用幽默手法來解決，那麼人與人之間就會更和諧，而不會有那麼多社會問題產生。

與人交往時，難免遇到和自己理念不合、頻率不同的人，但因爲某種理由，卻不得不選擇繼續忍受。

很多時候，會聽到有人一再批評某人，那個人對他而言，其實可有可無，問他爲什麼不乾脆遠離那人時，卻又說不出個所以然來。

蘇軾曾在〈范增論〉中提到：「合則留，不合則去。」若是發現再怎麼努力，依舊無法和某人愉快相處時，最好的辦法就是趁早抽身。

從前有個富翁，生了三個女兒，大女兒和二女兒都嫁給了秀才，只有小女兒嫁給一個普通老百姓。

有一天，富翁生日，三個女婿一起前來祝壽。富翁眼裡只看得見大女婿和二女婿，覺得他們談吐斯文，卻對小女婿不理不睬，認為他說話十分俗氣。

酒席上，富翁說：「今天雖然沒什麼好菜招待，但是份量絕對夠。大家儘量吃，別客氣。不過，酒席上不許說些亂七八糟的話。」

酒過三巡，岳父舉筷請大女婿吃菜，大女婿欠了欠身，回答道：「君子謀道不謀食。」

富翁聽了十分高興。

喝到興致正濃的時候，岳父又再舉杯請二女婿喝酒，二女婿立即起身回答道：「惟酒無量，不及亂。」

富翁也覺得很歡喜。

岳母見丈夫只勸大女婿、二女婿吃喝，怠慢了小女婿，就舉杯請小女婿喝酒。小女婿也舉杯站起身來，對岳母說：「哈，我和妳酒逢知己千杯少。」

富翁一聽，這話根本不對頭，而且有些曖昧，就怒氣衝衝地罵了起來：「畜生！你說的是什麼話？」

小女婿也發火了，摔了杯子大聲說：「哼，我與你話不投機半句多。」

由於富翁對小女婿已先存偏見，不管他表現如何，富翁都不會欣賞。深知此道的小女婿非常乾脆，既然不喜歡，也沒必要自取其辱。

人本來就是處於一個不合理的世界，也很難擁有十全十美的人際關係，有些人，不是你用心相對，就能和平相處的。

讓自己處於不快樂的環境，只會讓體內細胞在負面情緒中不斷死亡。此處不留人，自有留人處，不過，也犯不著怒目相向。

在可以選擇的範圍內，何妨讓自己灑脫一點，用幽默的方式看生活，帶著笑容離開傷害你的人。

對的時間話說對，才能事半功倍

某些時候，幽默可以安慰一個傷心的人，有時候卻會造成反效果。什麼可以說，什麼不能說，都必須視當時情況而定。

某一天早上，老闆滿臉笑容走進辦公室，秘書陳小姐一見老闆心情不錯，認為要求加薪的時機到了。

正準備開口的時候，老闆突然拉上百葉窗，熄了燈，室內瞬間一片漆黑。

陳小姐心裡非常害怕，不知道老闆有何企圖，便鼓起勇氣打開燈，拉開百葉窗，將窗戶通通打開，藉口房間太悶。

誰知道老闆又全部關上，連燈也不例外。

陳小姐擔心極了，表示口渴要喝水，想離開辦公室。

沒想到，還沒走到門邊，老闆突然出聲：「等等，我要讓妳看一樣東西。」

無奈的她只好緩緩轉過身，做好逃跑的準備。

在黑暗中，老闆慢慢走到她身邊，慢慢地拉住她的左臂，一面舉起自己的左手，在她耳邊低聲說道：「妳看，我的夜光錶多美啊！」

原來……陳小姐一聽，馬上挨近老闆，笑著說：「真是太漂亮了！您能加一點薪水給我嗎？」

「當然可以，」老闆興奮地說：「從本日起，加妳本薪的百分之五十。」

故事進行到一半時，你是否也提心吊膽，以爲又要增添一件「職場性騷擾」案例呢？這個「夜光錶事件」告訴我們，說話也是要看時間的。

同樣一句話，在對的時間，可以達到事半功倍的效果；在錯的時間，達不到目的不打緊，還可能爲自己惹上麻煩。

阿三岳父家裡的牛跌死了，老丈人傷心得淚流滿面、食不下嚥。他的妻子知道後，就叫阿三前去安慰一下父親，臨行前囑咐他說：「你見著了阿爹，就說：『請別難過，畜生跌死總是有的。如果有人要買的話，就賣幾個錢；沒人買就剝下皮，宰來自己吃吧！』」

來到岳父家，阿三見老丈人還在流淚，就一字不漏地對他說：「岳父大人，請別難過，畜生跌死總是有的。如果有人要買的話，就賣幾個錢；沒人買就剝下皮，宰來自己吃吧！」

鄰人一聽，都稱讚阿三說話得體。

老丈人第一次見到傻女婿表現優秀，以為他變聰明了，心情跟著舒坦多了！

誰知，過了不幾天，老丈人也不幸跌死了，丈母娘哭得死去活來。阿三知道了，急忙趕去勸解她。

他記得上次寬慰岳父的話備受鄰人的稱讚，於是就照樣對丈母娘說：「請別難過，畜生跌死總是有的。如果有人要買的話，就賣幾個錢；沒人買就剝下皮，宰來自己吃吧！」

丈母娘聽到阿三這句話，大概沒病也會氣到剩半條命。

幽默的說話方式的確受人歡迎，但是，並非所有場合都適用。某些時候，幽默可以安慰一個傷心的人，讓他破涕爲笑，忘卻傷悲，有時候卻會造成反效果。什麼可以說，什麼不能說，都必須視當時情況而定。

除此之外，還必須考量自己和受話者的幽默程度。

如果對方是個嚴謹且不懂得欣賞幽默的人，在你看來覺得是幽默的回答，卻可能被對方視爲不尊重的表現。

在對的時間，幽默可以幫助自己得到事半功倍的效果；在錯的時間，就會爲自己惹上麻煩。爲了讓每次幽默都有一個歡樂的結果，還是必須花點心思，注意「幽默時間點」的這個問題。

加強功力，就有欣賞幽默的能力

幽默有不同層次，欣賞的角度自然也不同。每個人都有自己的「口味」，有的人喜歡味道重，有的只愛清淡。

小玲的未婚夫是個美國人，勉強能聽和說一些簡單的華語。

有一天，未來的丈母娘請他到家裡吃飯。席間，丈母娘說了一個外國人講中文的笑話：有一個美國人在台灣被狗咬了一口，想向狗主人表示抗議，於是用有限的字彙對狗主人說：「你的狗在我的腿上『吃飯』。」

結果小玲的未婚夫一副若有所思的樣子，然後恍然大悟說：「對了！不是『吃飯』，應該是『吃肉』才對！」

幽默可分爲「表達幽默」和「欣賞幽默」。有一種人，一點喜感也沒有，言行舉止極爲正經八百，但是，當別人說笑話的時候，他卻聽得懂，並且以笑聲回報，也可以稱他非常有幽默感，是一個有「欣賞幽默」能力的人。

「欣賞幽默」和「表達幽默」同樣重要，如果只有製造幽默，卻沒人欣賞，那麼「幽默」也會少了一點顏色。

從前有個差役，腦袋不但不靈光，還有點癡呆。

有一天，他要押解一個犯了罪的和尚到府衙去，上路之前，怕自己的記性不好而會漏了東西，便將人和物件一一詳細查點之後，編成兩句順口溜：「包裹雨傘枷，文書和尚我。」

一路上，差役一邊走一邊反反覆覆唸著這兩句話，和尚聽了，知道他是個傻瓜，心裡暗暗高興，想出逃脫的方法。

到了傍晚，他們在一家小酒店夜宿。和尚在用餐之際，用酒將差役灌得爛醉如泥，接著剃光他的頭髮，然後取下自己脖子上的木枷套在差役頭上，趁著黑夜悄悄逃跑了。

第二天早上，差役醒來第一件事，就是按順口溜來清點人和物件。他一邊查一邊說：「包裹，有。雨傘，有。文書，有。枷……枷呢？」他一摸頸上的枷，才放心地說：「有！」

突然，他像是發現了什麼似的，驚叫了起來：「哎呀，和尚不見啦！」

過了一會兒，他摸著自己光禿禿的腦瓜，驚喜地說：「還好，和尚還在哩，只是我不見了！」

看完這個小故事，不知是否也有人像上述的差役一樣，摸不著頭緒、搞不清狀況呢？差役的愚癡，竟然可以「把自己弄丟」！

幽默有不同層次，欣賞的角度自然也有所不同。每個人都有自己喜歡的「口味」，有的人喜歡味道重，有的只愛清淡。幽默也有多種變化，像「千面女郎」般，讓人捉摸不定。

幽默是一種圓融處世的藝術，真正懂得幽默的人，絕對不會指責他人沒有幽默感，即使對方聽不懂自己的幽默。在這個時候只能勉勵自己，加強幽默功力，「因材發功」，讓每一個人都聽得懂。

相對的，在培養自己的「表達幽默」時，也別忘了，「欣賞幽默」也是提升自己境界的關鍵點。

輕鬆看待生命中的挫折

同樣的事情，看在不同人的眼裡，便會有不同的感受，只要能換個角度來想，不愉快的事情也能釋懷。

有一則鐵幕笑話說，某個蘇聯頭子死後下了地獄，魔鬼帶他兜了地獄一圈，要他選擇自己的懲罰方式。

第一個房間裡，他看到史達林被吊在滾燙的油鍋上，濺起的熱油燙得史達林哇哇大叫。蘇聯頭子看了一眼就渾身發抖快步離開，不敢繼續看下去。

到了第二個房間，兩個全身肌肉的惡鬼正用皮鞭狠狠抽打著大獨裁者希特勒，蘇聯頭子看了依然臉色蒼白離開。

在第三個房間裡，他看到床上坐著前總書記赫魯雪夫和法國性感尤物碧姬芭度，蘇聯頭子於是說：「我願意接受赫魯雪夫所受的懲罰。」

「不行，」魔鬼回答：「在這裡受懲罰的不是赫魯雪夫，是碧姬芭度。」

中國民間故事「十兄弟」中，十個兄弟各擁有不同的特質，例如鐵骨、銅皮、愛熱、長腿、愛哭……等等。

某次，十兄弟爲了治母親的病得罪了刻薄的縣太爺，而遭到懲罰。結果不管是斬首、剝皮、下油鍋等方式，都沒辦法傷他們一根汗毛。因爲鐵骨砍不斷頭、銅皮剝不了皮、愛熱下油鍋當游泳……從不同的角度來看，所謂的懲罰對他們來說，甚至是一種享受。

這個故事說明了，如果沒辦法對症下藥、抓住重點，就無法達成目的。

唐朝時候，有個皇族後裔叫李載仁，生性遲鈍，為人迂腐又迷信，認為吃了豬肉會倒楣，所以從來不吃。

有一天，上司傳令召見他，才剛剛騎上馬，兩個隨從不知為何原因打了起來。

李載仁怒不可遏，立即命人到廚房把大餅和熟豬肉取來，喝令這兩個人面對面吃下去。

直到他們吃完之後，李載仁才鄭重其事地告誡他們說：「念你們初犯，今天從輕處理。如果日後膽敢再打架，本官就在豬肉裡面加上酥油罰你們吃，看你們怕是不怕？」

當隨從發現吃豬肉就是對自己的懲罰時，大概恨不得能被多懲罰個幾次，最好還能在豬肉淋上香噴噴的酥油吧。

大多數的人看事情，都是以自己的角度爲出發點，殊不知同樣的事情，看在不同人的眼裡，便會有不同的感受，只要能幽默一點，換個角度來想，再怎麼不愉快的事情也能釋懷。

有一個成績一向名列前茅的小女孩突然退步了好幾名。母親問她：「妳這次考試怎麼退步那麼多呢？」

誰知小女孩卻回答：「這樣不是很好嗎?下次考試時，我就能得到最佳進步獎啊！」

小女孩這樣的回答，讓人忍不住露出笑容，爲的是小女孩的天眞和豁達。這樣的心態多麼難能可貴，卻也是現代人普遍缺乏的。

只要能用輕鬆、幽默的角度來看待生命中的挫折，生活會更愉快。

用幽默打破親子間的沉默

用幽默來代替責備和訓話，讓幽默蘊藏的智慧、愛心和關懷，直達孩子心裡，無形中也能打破親子間的「沉默」。

感覺與對方難以溝通之時，如果一味保持沉默，或用負面情緒面對，問題並不會消失不見。相對的，如果試著用些幽默的話語積極化解，有時候問題就會迎刃而解。

小寶大學唸書時，一向不用功，成天愛玩，考試總是不及格。父親十分擔憂，寫了一封信對他說：「如果你的成績考到九十分，我送你一輛價值一百萬元的新式高級跑車作為獎勵。」

考完試後，小寶回了一封信給父親：「親愛的爸爸，我決定還是考不及格，賺錢很不容易，我不忍心讓你破費。」

親子溝通的問題普遍存在，上一代的教育方式，或者當地民風，對於親子間的相處都有影響，但是不可否認的，每一個時代還是有成功的親子關係。

有一個明星高中的女學生，因爲成績退步到第四名，害怕被家長責備而僞造簽名，父親發現後，憤而報警。從這樣誇張的行爲，可想見家長對成績的迷思，以及帶給孩子什麼樣的壓力了。

「望子成龍，望女成鳳」是每個做父母的希望，但是要培育出優秀的下一代，不是簡單就可以達到。

幽默的溝通方式，能消除代溝，並讓孩子更容易接受。

從前，有個人開了一個藥鋪，剛開店不久，就有事必須出遠門。臨行前，他特別交代兒子要好好看守鋪子。這天，恰巧有個顧客要來買牛膝和雞爪。藥鋪兒子的腦袋不太靈光，大字更不認識幾個，當然也看不懂藥名，更糟糕的是，他甚至不知道牛膝和雞爪都是中藥草名。

他翻遍了藥櫃，怎樣也找不到「牛膝」和「雞爪」，突然靈機一動，跑到院子裡，將家裡那頭耕牛的一條腿砍下來，又把正在孵蛋的母雞兩隻腳剁下，然後交給顧客。

父親回來後，問他賣了什麼藥，他得意洋洋地將過程一五一十告訴了父親。

父親聽了，不禁啞然失笑說：「幸好沒有人來買知母、貝母，不然，你就把你媽媽都賣掉啦！」

從前，有個呆子名叫阿慶，十幾歲了還是愣頭愣腦的，什麼也不會做。

有一天早上，父親叫他上山，砍幾對枒杈做板凳腳，誰知一去，竟到半夜才回來。

父親見他空手回來，連一塊枒杈也沒有砍，便生氣地說：「你到哪個地方遊蕩去了，怎麼這時候才回來哪？」

阿慶委屈地回答說：「山上被我全找遍，連腿都快跑斷了，哪裡還有閒工夫去玩耍呀？」

父親不解問：「難道山上一個枒杈也沒有嗎？」

阿慶答道：「枒杈山上多極啦，可全都是向上長的哩。因為要做板凳腳，我就專找朝下的，但山上偏偏不長這種枒杈，所以就沒有砍回來了。」

父親聽了好氣又好笑，也無力再唸他了。

幽默不僅僅在人際交往間能發揮作用，在家庭中更是不可或缺的一環。父母和子女的關係匪淺，一但弄個不愉快，關係就會弄僵。

用幽默來代替責備和訓話，讓幽默蘊藏的智慧、愛心和關懷，直達孩子心裡，無形中也能拉近彼此的關係。

幽默可以打破親子間的「沉默」，讓父母親不只是父母親，還是孩子的好朋友。

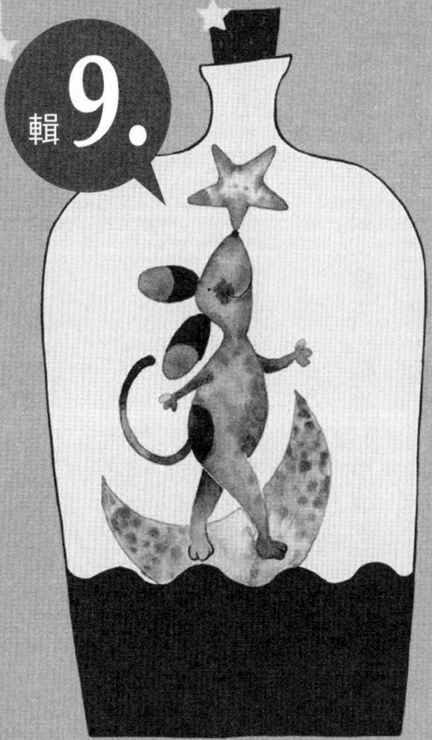

有一點爭吵，更能恩愛到老

將「鬥嘴」化為幽默的對話，
能為感情增添溫度，穩定婚姻狀況。
床頭吵、床尾和，雖然吵吵鬧鬧，
也能恩恩愛愛相伴到老。

幽默看人生，可以心平氣靜

幽默讓人看得遠，能夠正視面前的困擾。以幽默的眼光看事，雖然不能改變事實，卻可以讓人平心靜氣面對一切。

俄國作家屠格涅夫曾經寫道：「生活本來就不是什麼別的，只不過是經常克服矛盾而已。」

遇到讓自己生氣、痛苦、難過的事情，與其整天鬱悶不停，還不如用自嘲式的幽默「苦中作樂」。如此一來，再如何難過的事情，也會在「幽自己一默」當中輕鬆渡過。

「周太太，」一名女子高聲對排在隊伍中等待結帳的女士喊道：「退休以後的生活過得如何啊?是不是每天睡到中午才起床?」

「不,」這位斯文的老太太說道:「我還是把鬧鐘調到六點三十分,它一響,我就坐起來對它做個鬼臉,然後繼續躺著呼呼大睡!」

很多人生活失去目標,就不懂得生活了,但是這位老太太卻可以用輕鬆、幽默的態度來面對生活。

人生難免碰上低潮、不順遂的時候,不管是課業壓力、工作問題、人際衝突、感情煩擾、家庭紛爭……等等,既然人生旅途不可能一帆風順,那我們就要隨時做好面對逆境的準備。

面對逆境最好的辦法,就是笑。

人生過程,和笑話的結構差不多,人們受到笑話開頭的吸引,接著期待笑話的內容,雖然最後的結果和所希望的有點差距,但是我們還是能從其中得到趣味。

貝爾納一天去餐廳吃飯,對廚師很不滿意。

「把你們負責人叫來。」付帳時，他對侍者說。

餐廳經理來後，貝爾納對他說：「請擁抱我。」

「什麼？」經理不解地問。

「請擁抱我！」

「到底是怎麼回事？先生。」

「永別吧，您以後再也見不到我了。」貝爾納對經理說。

有時候只是生活上一件小事，就可能影響自己的心情。也許出門踩到狗屎，也許開車超速被照相，甚至懷抱著期待心情去買晚餐，結果最想吃的食物賣完了，或者味道不如往常而心生失落。面對這些情況，我們只能一笑置之，就像貝爾納藉著擁抱，告知對方，自己永遠不會出現在這家餐廳裡。

法國作家馬塞・帕格諾爾六十七歲時，出席馬賽市一所以他的名字命名的學校開學典禮。他對學生說：「我看見我的姓名以斗大的金字寫在學校的大門口上，可是，我更希望見到它以紅色小字寫在學生名冊上。」

幾個月後，有人問他：「你願意做個什麼樣的人？」

他答道：「任何在二〇〇〇年還活著的人。」

這位著名作家雖然感慨歲月在不知不覺中消逝，卻仍以幽默口吻正視這個事實。如果可以用幽默的態度回顧過去的事情，那麼當時造成的傷害、遺憾、失望，都能輕鬆釋懷。

幽默讓人看得遠，不欺騙自己，且能夠正視面前的困擾。以幽默的眼光看事，雖然不能改變事實，卻可以讓人平心靜氣面對一切。

笑的能力是與生俱來的，沒有人可以剝奪，每個人都有幽默感，別讓自己的天賦白費了，好好利用，並享受它。

腦袋僵化會鬧不少笑話

先人留下的許多「教條」中，都有它的緣由和智慧存在，但是，在時空與環境不同的情況下，適用對象自然也不同。

古時候有個秀才，生性乖僻，忌諱很多。某年冬天，他娶了一個老婆，才剛進門，就嚴肅的告誡她：「我爸名叫『二歪腳』，為了表示對他的尊敬，以後說話都要避開『腳』字，知道嗎？」

他的老婆聽了雖然不高興，但是又不敢違抗，只好時時注意自己的言語。

有一天，老婆在房間裡洗腳，秀才剛好從外面回來，看見門緊閉著，便在外面大叫：「大白天關起門來是什麼意思，快來開門！」

老婆在屋裡說：「你急什麼？我還沒洗完呢！」

「妳在洗什麼？」

老婆正想說自己在洗腳，又想起不准說「腳」字，於是慌亂中急忙說：「我……我在洗你爸爸呢！」

人們常在無形中，用一些刻板印象和僵化教條為自己設限，忌諱東忌諱西，做什麼事都綁手綁腳。

例如民間有個習俗：年初一不能吃藥、看病，否則一年到頭都會與病為伍！因此，醫生都有「初一冷清清，初二大爆滿」的經驗，必須不斷宣導，不舒服就要趕快就醫，千萬別因為年初一就不上醫院！

許多人「寧可信其有」，寧願抱著病痛忍耐一天，也不願意上醫院，這是非常危險且不理智的行為。

先人留下的許多「教條」中，都有它的緣由和智慧存在，但是，不要忘記一點，在時空與環境不同的情況下，適用對象自然也不同。

有個人的岳母死了，因為他不識字，便請村裡的一位私塾先生幫忙寫一篇祭文。先生一口答應，立即從書籍裡翻出一本舊書，將一篇祭岳父的文章逐字逐句工工整整地抄下來，然後交給他。

來到岳父家裡，丈人發現他這篇祭文寫錯了，當場差點活活給氣死，這人怒不可遏，立即跑回私塾，指著先生的鼻子破口大罵起來。

誰知先生竟把那本舊書拿了出來，翻給他看，振振有詞地說：「書本上的祭文是刊定的，說什麼也不會錯。你不怨你們家裡死錯了人，竟然還反過來罵我，這是什麼道理？」

這種人只相信「機械論證」式方法，而忽略了瞬息萬變、活生生的生活。在不知不覺中，我們是否也爲自己套上某個「枷鎖」和「規定」呢？

曾經聽某位理工科女孩說了一個小故事：

某次，她和另一位女性同學參加一項聯合觀測研究，她們前去輪班之時，外校男同學竟然問她們：「妳們是來探男友的班嗎？」

在對方學校的相同科系中，根本沒有女孩身影，他們認定女孩子根本不能從事粗重工作，因此實驗室從來不收女學生！

這就是一種刻板印象、僵化思想。

「就算是一百多公斤的儀器又怎麼樣？我們幾個女孩合力，還是能把它搬起來！」女孩志氣滿滿地說。

的確，很多時候只要願意，就沒有性別之分！

不敢接受新挑戰，只因爲領域不同？適婚年齡一到，就得進入婚姻，即使沒有合適對象？男孩該玩機器人，女孩得抱洋娃娃？

讓自己的腦袋靈活一些，讓自己的心態柔軟一點，千萬別因爲這些機械論調而放棄能把握的機會！

懂得吵嘴學問，感情越吵越好

吵嘴中，若能就對方的攻擊點去思考，做出另一種論調，也可以巧妙反擊回去，保住了尊嚴，也留住彼此的感情。

一個已經成家的博士班學生，趕著要交論文，不斷催太太快點打字，還打趣說：「如果讓我再結一次婚，一定要娶一個字打得又快又正確的老婆。」

妻子聽了則回嘴說：「你的主意倒不錯。如果我再嫁人，一定要嫁一個已經拿到博士學位的老公。」

當丈夫取笑妻子打字慢，換一個老婆會更快時，妻子不但不生氣，反將丈夫一軍，表示換個老公才是好主意。她藉著幽默感，推翻了丈夫的嘲弄，替自己解了圍又不破壞氣氛。

如果「吵嘴」是婚姻中不可缺少的一部分，那麼就要懂得吵架的學問。若無法用溫柔的言語笑鬧帶過，也不要自投羅網，跳進攻擊和侮辱的言語中。

斯里蘭卡有個老頭兒，只有一個女兒，已經出嫁了。有一天，他打算到女兒家轉轉，看看她生活過得如何，是否安好。

女兒見父親來看望她，盡心盡力招待父親。

女兒把父親安頓得舒舒服服，又跑到廚房裡用水磨米粉做糕點。這種糕點好吃極了，老頭兒吃得很滿意，問女兒：「這糕叫什麼名字？」

女兒回答：「這是甜米糕。」

老頭兒吃飽喝足之後，看到天色已晚，告別了女兒，急急忙忙回家去。因為忘不了那甜米糕的滋味，打算將糕名記下來，回家要老太婆做給他吃。

一路上，他不停地嘟囔著：「甜米糕，甜米糕。」

在路上碰上熟人，他除了像往常那樣問聲「你好」外，還要加上一句「甜米糕，甜米糕」。離家越近時，老頭兒就越走越快，腳步越來越亂，突然，他的腳趾踢到一塊石頭，疼得大叫起來：「哎喲，我的腳趾頭！我的腳趾頭！」

但是，他並沒有停下來歇一歇，還是一拐一顛地繼續趕路。由於腳痛難耐，每走幾步，他就停下來揉揉腳，還一邊喃喃自語地說：「腳趾頭，腳趾頭。」不知不覺中，已經把「甜米糕」改成「腳趾頭」了。

最後，他總算回到家，急急忙忙對老伴兒說：「咱們的女兒做了非常好吃的『腳趾頭』，那是他們村裡的特產，真是好吃極了，快做一些來吧。」

「『腳趾頭』？那是什麼東西？」老太婆狐疑地說：「我這輩子還沒聽說過這種東西呢！」

「妳可真是個好老婆呀！我都六十出頭了，還沒吃過妳做的『腳趾頭』呢，女兒都會做了，妳卻連這個名字都沒聽說過，虧妳說得出口！」

老太婆被逼急了，也提高嗓門叫起來：「咱們一起生活了這麼多年，從來沒聽你說過一句中聽的話。你就知道嘮叨，嘮叨！真煩人！無論我為你做什麼事，你都不滿意。你還有沒有良心呀？這老不死的……」

老頭兒惱羞成怒，大罵起來：「老妖婆，妳給我滾出去！」

老倆口越鬧越凶，叫罵聲驚動了鄰居，人們紛紛跑來看熱鬧。一個鄰居看到老太婆吵架的樣子，說道：「喲！瞧她的嘴巴，噘得像塊甜米糕！」

老頭兒聽見這個忘了的詞，喜出望外，大叫起來：「就是它，就是它！我要吃的就是『甜米糕』！」

旁人聽了哄堂大笑，老頭不好意思地牽起羞紅臉的老太婆，甜甜蜜蜜走進屋裡。為了一個「甜米糕」，可以從屋內吵到屋外，但也因為「甜米糕」，增添兩人的情趣。

吵嘴中，若能就對方的攻擊點去思考、理解，做出另一種論調，也可以巧妙反擊回去，保住了尊嚴，也留住彼此的感情。

下一次，另一半罵你是個笨蛋時，不妨告訴他：「這個笨蛋是你選的！」相信他聽到這句話，也會忍不住哈哈大笑！

幽默哲學讓彼此長存幸福感覺

> 要有美滿的婚姻，就用「哲理」的角度來看待事情，或許沒辦法解決「家庭問題」，不過，卻能做到讓自己不受干擾。

一對夫婦結婚多年，感情依然如昔，人們好奇請教他們的婚姻之道，丈夫笑而不答，指了指牆上貼的一張家規：

一、妻子永遠是對的。二、如果妻子錯了，請參閱前一條。

父親在一場晚會中抽到一個漂亮的玩具，回家之後，立即將三個小孩叫到面前，說道：「這個玩具，我要送給最孝順的人。誰從不和媽媽頂嘴，而且最依從媽媽的話？」

三個小孩異口同聲答：「爸爸最有資格。」

有個心理學教授開玩笑說：「看到自己不對，立即讓步的人，是個謹慎的人；明知道自己對，仍然讓步的人，是個『結了婚的人』。」

現今發生的社會新聞，越來越多家庭悲劇產生。很多人爲了一些無關緊要的小事起爭執，長期累積下，一次爆發開來，造成無可彌補的悲劇，這些都是起源於彼此不能讓步。

從前有個人，在家裡常常受老婆的氣，可是在外邊，卻死要面子，自誇是一個「最不怕老婆的大丈夫」。

有一天，這人去趕集，見一群人圍著一位面相先生看手相，便擠進去看熱鬧。面相先生口中唸唸有詞，說道：「男人手如綿，身邊有閒錢。女人手如薑，錢糧滿箱倉。」

這人聽了喜不自禁，拍手大叫起來，說：「這可好了，我交上了好運啦！」

圍觀的人問他交上什麼好運，他回答說：「我老婆就是手如薑哪！」相面先生奇怪地問：「你是怎麼知道的呢？難不成你也會看手相嗎？」這人得意地做了個手勢，說道：「昨天她掌我一個嘴巴，直到現在臉上還辣呼呼的呢！」

即使受了老婆的氣，還能保持樂觀，用「好運」的態度來看待，婚姻才能度過一次又一次的考驗。

哲學家蘇格拉底有一個兇惡的老婆。某一次，蘇格拉底正與一群學生一起討論哲學，他的「悍婦」氣呼呼地走過來，劈頭就是大罵。所有學生都為蘇格拉底感到難過，他自己卻平靜的聽著，一句話也沒說。事後，一個學生問他：「老師，師母那麼嘮叨、那麼凶狠，您怎麼受得了啊？」

「我已經習慣了。你應該不會在意一隻鵝在你身旁『呱呱呱』叫個不停的聲音吧！」蘇格拉底說。

「鵝呱呱叫雖然很煩，至少牠會生蛋啊。」學生又說。

蘇格拉底笑著說：「那還好，我老婆也會生小孩。」

要有美滿的婚姻，就必須像蘇格拉底般，用「哲理」的角度來看待事情。或許他沒辦法解決「家庭問題」，不過，卻能幽默看待，做到讓自己不受干擾。

同樣的道理，也能運用在生活中。

幽默的人懂得如何化解僵峙對立的氣氛，也懂得用機智的話語來爲對方和自己搭建下台階。想擁有良好的人際關係與婚姻關係，積極培養幽默感，無疑是一門必修的功課。

或許下次，當你的老婆又爲了誰該煮飯這種事和你起爭執時，可以告訴她：「親愛的，並不是我不會煮飯，而是我覺得，妳煮的飯一定比我煮的更香。」

適度吃醋會產生微妙情愫

幽默表達醋意的方式，是一種健康的行為，每個人都應該適當攝取，用幽默當碗碟，盛著「醋」愉快的喝它。

一個住院的年輕空軍士兵，請一個好心的護士，帶給他太太一個口信：「這裡的護士沒有一個是漂亮的。」

護士聽了不高興地說：「你這樣說會不會太過分了點！」

「是的。」那個空軍士兵笑著解釋說：「不過，不這樣說的話，我老婆會胡思亂想的。」

「吃醋」在感情世界中，是一種激情愫，只要適當適量，就能讓雙方更甜蜜。可是，醋罈子若是過大，就會變成一種毒藥，傷人害己，好的醋，味道不用濃，能入口才是重點。

唐太宗年間，宰相房玄齡懼內是出了名的。一日，唐太宗宴請開國元勳，酒足飯飽之際，唐太宗乘著酒興和幾分醉意，賜給房玄齡兩個美人。房玄齡也糊裡糊塗地收了兩位美人，直到酒醒後，一想到家中的妻子，擔心得不知怎麼辦才好。同僚見了紛紛為他打氣，並告訴他，老婆再凶，也不敢違抗皇上聖旨，對所賜美人不善。房玄齡聽了，這才放膽地將兩個美人領回家。不料，房玄齡的老婆才不管皇上不皇上，不僅大發雷霆，指著房玄齡大吵大鬧，還將兩個美人趕出府邸。

這件事被唐太宗知道後，想壓一壓房玄齡夫人的橫氣，便召她來問罪。唐太宗指著兩位美女和一罈「毒酒」對房夫人說：「我也不追究妳違旨之罪，這裡有兩條路任妳選擇，一是領回二位美女，一是喝了這罈『毒酒』。」

房夫人見事已至此，知道自己年老色衰，一旦這二女進府，自己遲早要走違旨抗命這條路。與其將來受氣而死，不如喝了這罈「毒酒」痛快，便毫不遲疑舉起罈子，

「咕嚕咕嚕」將整罈「毒酒」一飲而盡。

飲盡，房夫人身體沒有任何異樣，原來那罈子裝的是晉陽清源的食醋，根本無毒。唐太宗見房夫人這樣的脾氣，歎了口氣道：「房夫人，莫怨朕用這法子逼妳，妳妒心也太大了。不過，念妳寧死也戀著丈夫，朕收回成命。」

房夫人「吃醋」傳說成了女人嫉妒的代名詞。看到另一半與異姓來往，會吃醋是正常的，萬一沒有任何感覺，兩人的感情才要亮起紅燈。但是，人活著，就不可能不和人接觸，接觸的人中，一定會有和自己不同性別的人，若對每一個和另一半來往的異性都得喝上一罈醋，被酸死的肯定是自己。

有個醫生太太看著丈夫爲年輕女病患觸診，心裡難免吃味，診療結束後，便對丈夫說：「我眞希望你摸的人是我。」

這樣幽默表達醋意的方式，不但無傷大雅，更讓老公覺得老婆吃醋的小臉很可愛。「吃醋」是一種健康的行爲，每個人都應該適當攝取，用幽默當碗碟，盛著「醋」愉快的喝它吧。

幽默對待另一半是另一種浪漫

傳達感情的時機無所不在，在感情中帶入幽默感，才不會讓感情隨著時間平淡，反而能像陳年老酒般，越陳越香。

一個太太去算命，算命的對她說：「妳命中注定要嫁兩次，第二任丈夫是個聰明體貼，心地又善良的人。」

太太回到家中，就把算命先生的話告訴了丈夫。

丈夫驚訝地說：「我不知道妳曾經結過婚，不過我不在乎。說實在的，妳還真有眼光，選到了我。」

聽到算命先生的話，做丈夫的不但不生氣，反而還藉此自誇一番。短短幾句話，不但能避免爭吵，還爲婚姻增添情趣。

一個幸福的婚姻，多少都要有幽默做爲調劑品。沒有一個婚姻是完全處於最佳狀況，總有爭吵、冷淡、乏味的時候，如果家庭中能多一點逗趣事情，那麼氣氛也會更歡樂。

從前有個老書生，讀了大半輩子的書，到頭來卻一事無成。七十歲那年，突然生了個兒子，老年得子的他好不高興，為兒子取名叫「年紀」。

第二年，二兒子接著出世了，他心想：「這孩子真可愛，長大後一定聰慧過人，才華出眾。」便給二兒子取名叫「學問」。

第三年，三兒子跟著呱呱墜地。

這時候，他卻覺得好笑，捋著白花花的鬍子說：「都這把年紀了，還生下這個孩子，真是笑話，笑話！」

於是，他就叫三兒子取名為「笑話」。

三個兒子慢慢長大成人，可是每天閒閒在家，一事無成，老書生看他們沒事可做，就要他們上山打柴。

聽了父親的話，老大埋怨個幾句，臭著臉慢步踱出門，老二心裡不大高興，摸了一陣子才出門，只有老三老老實實地馬上動身上山去。

到了傍晚，三兄弟各自走回家。老大拿著一把柴，老二空著兩手，獨有老三挑著滿滿一擔柴。

夜裡，老書生醉醺醺地回來，問妻子道：「三個兒子，誰砍的柴多呢？」

妻子答道：「年紀有了一把，學問一點全無，笑話倒是有一擔！」

老書生聽了，不禁愕然，苦笑著說：「妳這是在說我呀！」

幽默、充滿感情的話語，可以勾起人們潛藏在內心深處的熱情。

男女之間，女方總是不厭其煩，劈哩啪啦告訴另一半一天發生的大小事，希望能和對方分享生活的喜悅。

丈夫：「從各方面看來，我都比妳強，可是有一點我不如妳。」

妻子開心地問：「哪一點？」

丈夫：「妳的愛人比我的愛人強。」

「我愛妳」雖然動人，不過久了也會趨於公式化。表達感情的方法有很多種，傳達感情的時機也無所不在，在感情中帶入幽默感，才不會讓感情隨著時間而平淡，反而能像陳年老酒般，越陳越香。

有一點爭吵，更能恩愛到老

將「鬥嘴」化為幽默的對話，能為感情增添溫度，穩定婚姻狀況。床頭吵、床尾和，雖然吵吵鬧鬧，也能恩恩愛愛相伴到老。

村裡有個大財主的兒子舉行婚禮。當僕人抬著禮金走過大街，經過迂公家門前時，迂公見了盛滿禮金的竹筐，對妻子說：「我跟妳打賭打賭，看看誰能猜中那裡面裝有多少禮金！」

妻子估量了一下說：「大約有兩百兩金子。」

迂公跟著說：「我看不止，少說也有五百兩。」

妻子懷疑地回答：「五百兩？太離譜了，不可能那麼多！」

可是，迂公仍堅持說：「我說五百兩就有五百兩！」

兩人就為了這件事起了爭執，愈說愈氣，動手打了起來。
妻子打不過迂公，只好說：「好，我就讓一讓你，就三百兩怎麼樣？」
迂公聽了又摑妻子一巴掌：「三百兩我也不依妳！」
鄰人見了，紛紛前來勸解道：「為了一點小事，夫妻不和，這值得嗎？」
沒想到迂公一點也不受用，反而惡狠狠地答道：「還有兩百兩金子沒有弄明白，怎能說是小事呀！」

爭吵能幫助夫妻找出問題，改正錯誤，對婚姻來說也是維持平衡的方法。但若只是爲了攻擊對方而口出利刃，甚至大打出手，可就不是一件好事。

有一位婦人和丈夫結婚八年，生活平淡，兩人間也漸漸失去情趣。某天早晨，她看著後院養的雞，對丈夫說：「親愛的，這隻雞我們也養了八年了，最近不太下蛋。何不把牠宰了，慶祝我們結婚八年呢？」
「這樣太殘忍了，」丈夫嘆氣道：「為了八年前我們犯下的錯誤，就要把雞殺了，這又不是牠的錯！」

妻子聽了露出久違的笑容說：「說得也是，我們這八年來從吵吵鬧鬧到『無言相對』，也不能叫牠負責。」

簡單的對話後，夫妻倆挽起手，甜甜蜜蜜的走進屋內。

故事裡的夫婦雖然在婚姻中遇到瓶頸，可是由於丈夫一句幽默的話，化解了兩人「冷淡」的關係，爲生活注進一股暖流。

有一對英國夫婦，一起實現了五十年前結婚時許下的共同心願——金婚紀念日那天，兩口子一起吃了當年朋友送的雞肉罐頭。兩人在第二次世界大戰結束不久後結婚，當時人民多半貧窮，收到雞肉罐頭的結婚禮物時，小倆口就約定將它留到金婚紀念日再吃。

這兩人的婚姻生活，當然也有種種不如意之處，但是「爲了能一起吃雞肉罐頭」，兩人克服萬難，終於走到這一天。

婚姻生活有高潮也有低潮，難免爭吵。如果能彼此容忍、體諒，倒也能在平淡中得到幸福。

將「鬥嘴」化爲幽默的對話，能爲感情增添溫度，穩定婚姻狀況。床頭吵、床尾和，雖然吵吵鬧鬧，也能恩恩愛愛相伴到老。

怕太太的男人才是真的心胸寬大

唯有心胸寬大的男人，才能發自內心包容妻子的一切，用詼諧來調侃自己，用笑聲化解戾氣。

從前，有一個人很怕老婆。

有一天，他趁老婆外出不在家的時候偷吃一盒年糕，到了晚上，老婆回來發現了，不但把他狠狠罵了一頓，又罰他跪到三更半夜才准上床睡覺。

第二天，他越想越難過，不知自己的命為什麼這樣不好，就到街上找算命先生替自己算算命，看看有沒有機會改運。

算命先生問他：「請問貴庚多少？」

他趕忙回答：「沒有跪多久，只跪到三更。」

算命先生說：「我不是問這個，我是問你年高幾何？」

他說：「我還敢偷吃幾盒？只吃了一盒。」

自古以來雖是男人當道爲多，但是仍有不少怕太太的人。懼內的老公是否就是個膽小鬼，喪失男性的尊嚴呢？

其實不然，這是成熟、有智慧的男人應有的度量。

老百姓張三因為有功於縣官老爺，因此縣官老爺決定好好犒賞他，問張三：「你希望我賜給你什麼呢？」

張三想了想，說道：「我想請您寫一道命令，讓每一個怕老婆的人，都向我繳納一頭驢。」

縣官老爺於是照他的話做。張三拿到命令後，開始到處打聽哪裡有人怕老婆的，並且出示縣官命令。

過沒多久，張三趕著一大群驢子回來了。

縣官老爺見了大吃一驚，心想：「在我的管轄區中，怎麼會有那麼多怕老婆的人呢？」

第二天，張三再次晉見縣官老爺，向他報告狀況，並陳述沿途的所見所聞：「老爺，這次出門，我遇見了一個絕世美人，她臉似芙蓉、膚如白雪，還有個櫻桃小嘴。除此之外，她體態輕盈、嫵媚多姿、溫柔典雅，又多才多藝。我已經瞞著眾人為您弄來了。」

縣官老爺喜得眉開眼笑，連忙用手示意張三道：「小聲一點。我老婆就在隔壁，如果被她聽見了，肯定會大吵大鬧。」

張三聽了，站起來說：「哈哈！老爺，您也是怕老婆的人，命令是您訂的，所以罪加一等，處罰也應該加倍，快給我兩頭驢吧！」

有一個主管在某次聚會時，要在場所有男性員工怕老婆的站右邊，不怕老婆的站左邊，結果全部男人都往右邊站，只有一個小職員站在左邊。

主管見這個內向的職員竟然不怕老婆，希望能向他討教幾招，高興地問：「你為什麼不怕老婆？」

職員吞吞吐吐，小聲說：「我老婆說，不能往人多的地方站……」

新文化運動創始人胡適，也是以「怕老婆」出了名。他不僅把「怕老婆」當做自己的口頭禪，還曾經用巴黎的銅幣當做「怕太太協會」的勳章，因為上面鑄有「PTT」字樣。

除此之外，胡適還發表了他著名的「三從四得」論：太太出門要跟從，太太命令要服從，太太說錯要盲從；太太化妝要等得，太太生日要記得，太太打罵要忍得，太太花錢要捨得。

唯有心胸寬大的男人，才能這樣發自內心包容妻子的一切。「妻管嚴」還能泰然處之的男人，除了有修養外，更有幽默感。

希望這樣的典範能給所有「懼內」的男人一個鼓勵，面對「惡劣」環境，能用詼諧來調侃自己，用笑聲化解戾氣。

用幽默的話語傳達情意

愛情並非堅貞的海誓山盟建構出來的，而是呈現在生活的點滴中。不管是隻字片語，或者一個小動作，都能傳達愛意。

幽默作家蕭伯納曾提醒我們寬容地對待自己和周遭的人：「想要擁有圓融和諧的人生，就必須保持心情舒暢，滿懷信心地大步向前。」

確實如此，人與人溝通、互動，最重要的一環，就是儘量運用幽默風趣的方法，說出自己的心裡話。

過農曆除夕夜時，丈夫對妻子說：「以前我們行房時，每到高潮，妳都叫『啊！我要死了！』明天是新年正月初一，不可以說『死』字，妳要記住！」

妻子答應了。

第二天行房時，妻子到了高潮，仍同於以往叫法，丈夫怪她犯了禁忌。妻子說：「沒關係，像這種死法，一年死到頭也不錯。」

聰明的戀人或夫妻，懂得把握時機，送上自己的柔情蜜意，讓對方沉醉其中。愛情是一種感情遊戲，一句得體的話，往往能打動對方那渴望被愛滋潤的心靈，一顆幽默的心能讓感情長長久久。

多數男人希望老婆有個好身材，但是，一對契合的夫妻，絕對不是以這些外在條件爲依據。歲月會流逝，人會老，擁有眞愛的夫妻，會用「幽默」角度來看待彼此的缺陷。

一間豬肉店的胖老闆正和老闆娘吵嘴時，一個客人剛好進來買肉。見到有人，老闆娘只好先忍住氣，招呼顧客。

就在這時候，送貨的人扛來一頭肥豬，腳步蹣跚地走進來。

「真是一頭肥豬。」客人對老闆娘說。

「你說得對！」她嘆了口氣道：「不過，他待我還算不錯，每天早上，我還沒有起身，他就端杯熱茶來給我了。」

愛情並非堅貞的海誓山盟、感人的承諾建構出來的，而是呈現在生活的一點一滴中。不管是隻字片語，或者一個小動作，都能傳達愛意。

愛情要長久，不可能永遠轟轟烈烈，難免會有趨於平淡的時候。如果能讓「幽默」的力量進入愛情，就能快樂分享生活，在笑聲中一同成長。

輯10.

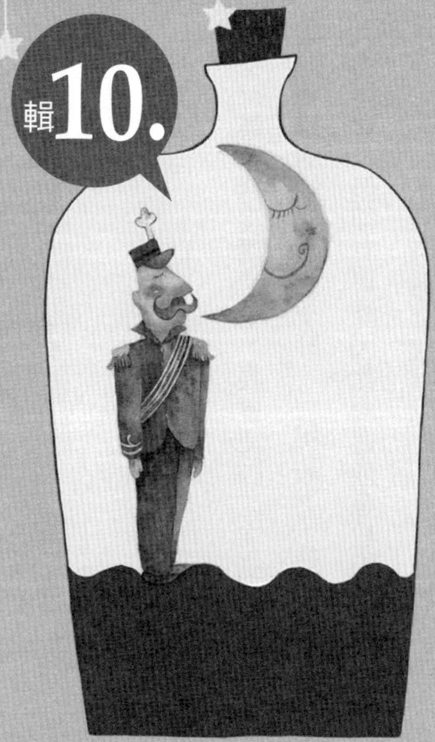

只有機智才能化解糗事

只有充滿幽默感以及高度自信的人，

才能兵來將擋，水來土淹，

把場面做一個圓滿的善後。

避開語言陷阱，才不會被驅逐出境

語言的傳遞有這麼多的障礙和陷阱，我們又怎麼能不在說話時「說清楚、講明白」呢？話講清楚一點，誤會便能減少一點。

很多時候，話沒講清楚，誤會便因此而生。

雞同鴨講的情況屢見不鮮，一句話少了幾個字，意思就不一樣了，雖然不至於產生天大的誤會，但卻有可能因此而造成尷尬的場面。

一位小姐到鄉間旅行，看到一個小男孩滿身大汗地拉著一頭牛……

小姐好奇地問：「你要把牛牽到哪裡去？」

男孩回答：「到隔壁村子去和母牛配種。」

「隔壁村子離這裡多遠呢?」

「沿著這條路一直走下去，大概走上一天一夜就會到了。」

真是太過分了，這麼粗重的工作居然落到一個這麼瘦小的小孩子身上，簡直是虐待孩童。

於是，這位小姐又問：「難道這工作不能叫你父親做嗎?」

男孩回答：「當然不行!這事一定得叫公牛才行!」

是不是?話只要稍微沒講清楚，雙方就會因此而產生誤解。

這種情形發生在日常生活中，可能被視爲笑話，但要是發生在正式場合，卻有可能被對方當成羞辱。偶一爲之也許會有「笑」果，但經常如此，就會被視爲溝通不良。

既然溝通不良，那就乾脆避之大吉好了!大部分人都會這麼想。於是，你就這麼被驅逐出境了!

有一句俗話說：「說者無心，聽者有意」，說話的人表達出自己的意思，聽在別人的耳裡卻有可能成了另一種意思。

既然曉得語言的傳遞有這麼多的障礙和陷阱，我們又怎麼能不在說話時「說清楚、講明白」呢？

話講清楚一點，誤會便能減少一點。

心胸放開，對意外就能釋懷

塞翁失馬，焉知非福。只要能放開心胸，笑看發生在自己身上的故事，也能從苦澀中得到一絲樂趣。

巷子裡衝出一個帶著口罩和墨鏡的男子，一把抓住一位太太脖子上的項鍊。情急之下，這位太太也用力扯住搶匪的領口，想阻止他逃跑，結果並沒有成功。路人見狀紛紛上前慰問，還勸她馬上去報警。她卻搖著頭說：「不必麻煩警方了，他搶了我的人造寶石項鍊，我卻扯下他脖子上的真金鍊子！」

碰上不愉快的事情，常常都只能自認倒楣，有些人甚至爲此愁眉不展好幾天，感嘆老天為何要這樣捉弄自己。可是，這位被搶的太太，雖然一時受到驚嚇，卻能馬上往好的方面來看待這次被搶事件，用一條假項鍊換一條真金鍊子，這大概是天上掉下來的好運了！

一個月亮半露的夜裡，一道黑色的身影出現在老王家的圍牆邊，左瞧右看確定四周沒人，一個轉身，翻進老王家中。這位樑上君子靜聽著主人如雷酣聲後，便悄悄摸進主臥室。

當小偷正打算好好翻箱倒櫃尋找值錢物品時，老王突然翻個身，大喊著：「可惡！別跑！」

小偷嚇得魂飛魄散，不但沒有帶走任何東西，還在驚慌失措下掉了身上的包袱，轉身就跑。

被這陣騷動吵醒的老王，憤憤起了身。

在夢裡，他正拿起一隻燒鴨腿準備大快朵頤一番，結果燒鴨腿竟然長出翅膀飛了起來。情急之下，他忍不住大聲吆喝，追趕著鴨腿，哪知一道聲音卻驚醒了正做好夢的他，就這樣眼睜睜看著差點抓到的鴨腿飛走了。

心情不佳的老王打算喝口水補償自己，再倒頭回去睡，摸黑來到桌邊時，右腳踢到某個東西，差點被絆倒。

他點了蠟燭，仔細一看，竟然是一件上好的羊皮襖。

他往房間四周瞧了瞧，只見被拉開的櫥櫃和散落一地的物品，立即知道是小偷光顧，來不及偷東西，還掉了一件從別處偷來的羊皮襖。

老王仔細清點財物後，發現沒有東西損失，還白白得到一件上好羊皮襖，開心得合不攏嘴。

從那天起，只要到了夜裡，老王就特別思念那個小偷，盼望著小偷能常常來光顧，可是，總是不見小偷前來，讓老王好不難過。

有一天，老王進城辦事，等到事情處理完時，已經夜深了。老王抬起頭看著被烏雲半遮的月亮，突然想起那個小偷，便火速地趕回家中。

回到家裡一看，門庭安然無事，他不禁皺起眉頭，仰頭長歎：「唉，為什麼小偷再也不到我家裡來了呢？」

像老王這樣幸運的「受害者」，大概是萬中選一了，不但沒有受到驚嚇，最多是夢裡煮熟的鴨子飛了，也沒有和竊賊正面衝突，危害到己身安全，更沒有損失財物，最後還平白無故收到「禮物」。

塞翁失馬，焉知非福？只要能放開心胸，笑看發生在自己身上的故事，也能從苦澀中得到一絲樂趣。

用幽默化解無謂的爭執

面子之爭沒有實質好處，人要贏在骨子，不要只贏在表面上或言語上；要爭春秋之名，而不要只爭一時的人氣。

踩低別人並不一定能抬高自己，就算你能舉證歷歷說明你比別人好，也不能代表你究竟有多好。

遇到比較、爭論的時候，你最需要的並不是咄咄逼人地顧全自己的面子，而是用幽默化解這種無謂的爭執。

詩人薩克雷曾經說過：「可以這麼說，詼諧幽默是人們在處理人際關係時，所穿的最漂亮的服飾。」

確實如此，幽默的話語不僅可以潤滑你的人際關係，也可以化解尷尬或對立的氣氛，讓你處世更加具有競爭力。

一名大學教授和兩名德高望重的朋友一塊兒喝酒。酒至半酣，這兩個朋友居然為了誰的權力比較大而發生口角，一時爭論不休。

說起來，他們的來頭不分上下，一位是環保局的高官，另外一位是計劃生育室的主管，旁觀者幫哪一邊都不對。

夾在中間的大學教授於是陪著笑臉說道：「你們兩位先別吵，說實在的，你們的份量都不是普通的，特別是你呀，」大學教授對著環保局的高官說：「你上管天，下管地，中間還要管空氣。」

此話一出，自然一家歡樂一家愁，大學教授見狀，連忙轉頭對面子快掛不住的那一位計劃生育室主管說：「你呀，更不得了，你不管天，不管地，就是專管所有人的生殖器。」

是管天管地比較大，還是管生殖器比較大呢？人與人之間的比較，眞是永遠也比較不完。

只是比贏了，出頭了，對於贏家本身有什麼好處？比輸了，對於輸家來說又有什麼損失呢？

那不過是一種落人笑柄的私人恩怨，不過是一個幼稚的面子問題。

眞的要比較，在心裡偷偷估量對方就好了，把話搬上檯面，就算你贏了面子，恐怕也早已輸了裡子，就算證明了你的份量比較重，恐怕也間接說明了你器量有多小。

面子之爭沒有實質好處，人要贏在骨子，不要只贏在表面上或言語上；要爭春秋之名，而不要只爭一時的人氣。

只有機智才能化解糗事

只有充滿幽默感以及高度自信的人，才能兵來將擋，水來土淹，把場面做一個圓滿的善後。

你有沒有聽過世界上最短的黃色笑話？

那個笑話是這麼說的。

上課的時候，教授一走上講台，便問班長：「有沒有應到的未到？」

班長愣了一下，很小聲地回答：「我…我……我好像沒有聞到……」

雞同鴨講的情況不斷地發生在我們生活的週遭。幸運的話，這只是每日笑話一則；萬一不走運，這就成了史上最倒楣的糗事一件。發生在適當的時候，大夥兒一笑置之；發生在不適當的時候，也許會誤了你的大事。

人生中的意外防不勝防，再怎麼小心也很難完全避免，唯一的方法，是在事情發生的當下，你該懂得如何反應。

話說英國首相威爾遜在一次演講當中，台下突然有個異議份子，站起來高聲打斷了他：「狗屎！垃圾！」

威爾遜雖然受到侮辱，但他急中生智，不慌不忙地回應道：「這位先生，請稍安勿躁，你所提出來的關於環保的問題，我馬上就要講到了。」

一句話輕鬆的化解了這個尷尬的場面，更讓人相信，只有真正有智慧的人，才能在危急時刻做出有智慧的反應。

語言是溝通的工具，同時也是認識一個人的「呈堂證據」。

要了解一個人的內在其實很簡單，有時候從他的談話內容或反射動作，我們就可以很清楚地了解他是怎樣的人，此時此刻心裡又想些什麼。

一個人的臨場表現反映了這個人的人格特質。粗魯的人也許會在緊張的情況下大飆粗話，毛躁的人也許會不知所措、毫無建樹，害羞的人也許會聲淚俱下、語無倫次，只有充分準備以及高度自信的人，才能兵來將擋，水來土淹，把場面做一個圓滿的善後。

如果你還不是這樣的人，請從現在起，用心雕塑出你想要的人格。

別當人見人厭的守財奴

小氣吝嗇的人「慷慨解囊」，如果不是慷他人之慨，便是為了滿足心中的低等慾望或特殊癖好。

雖說「人不爲己，天誅地滅」，但若人活著只是爲了滿足自己的低等慾望，那和死了又有什麼差別呢？這樣的人就算擁有龐大財富，也只不過是個人見人厭的守財奴。

那麼，遇到一毛不拔的守財奴，該如何讓他心甘情願破財呢？

在一個教區裡，有個老頭吝嗇到令人難以置信的程度。

雖然他每個禮拜都會上教堂，但是他從來沒有真正在募捐箱中放過一分錢。

每次做禮拜時，這名老頭總是坐在最後一排椅子上，以為這樣別人就不會注意到他從來沒有捐過錢。

一個禮拜天，大夥兒依照慣例到教堂去做禮拜。就在禮拜結束之前，牧師突然對底下的信眾宣佈：「我們今天所募集到的這些錢，將會用來拯救一些墮落的女人。」

出人意料之外的，這小氣老頭居然破天荒地在募捐箱裡放錢，當場跌破了眾人的眼鏡。每個人都為此感到非常意外，認為是因為他坐在後面聽不清楚，或者聽錯了的緣故。

果然，不久之後的某一個禮拜天，老頭在教堂門外碰到牧師，還沒來得及打招呼，便焦急地問道：「牧師，我們湊錢買的那些姑娘，要等到什麼時候才會送來？」

如何才能幽守財奴一默？

或許，就像故事中的牧師一樣，先針對對方的癢處，說些語焉不詳的暗示，最後再義正辭嚴指出對方心思不正，讓對方空歡喜一場。

再怎麼小氣吝嗇的人，還是會有出手大方的時候，不過，他們的「慷慨解囊」，如果不是慷他人之慨，便是像故事中的小氣老頭，爲了滿足心中的低等慾望或特殊癖好。

花錢替自己買快樂，這是人之常情，別人沒有置喙的餘地。但是，只有願意花錢帶給別人快樂的人，才是幸福的人。

人需要的其實不多，三餐溫飽、有點閒錢就已經足夠。若是有多餘的能力，與其用來養大自己的胃口，不如拿去塡補別人的缺口；懂得互助，反而會感到更加富足。

俗話說得好，「施比受更有福」，那種幸福不是物慾上的滿足，而是福至心靈，打從心底所發出的喜悅。

那種幸福，比擁有全世界的財富卻一毛不拔要幸福多了。

偏執的人最容易自以為是

滿腦子成見的人，總是先入為主，自以為是，總是以為自己是對的，看在別人的眼裡，其實是多麼荒唐可笑！

主觀的人大多有一個共同的特色，就是他們都不肯承認自己主觀。越是不肯承認自己抱持的是主觀的「成見」而不是客觀的「意見」，他們越是執著於自己的成見，而忽視了全世界的意見。

爲了避免成爲主觀、偏執的人，遇到令自己尷尬的問題，最好先搞清楚問題的關鍵在哪裡。

六歲的小明看電視看到一半，突然轉頭問爸爸說：「爸爸，陰道和食道有什麼不一樣呀？」

爸爸大吃一驚，卻仍表現出一副若無其事的樣子，心想：「現在小孩真早熟，我們家小明雖然才小學一年級，居然已經說得出來性器官的學名了，這樣也好，早點告訴他一些性知識，才可以防止他不小心做錯事。」

於是，爸爸便極盡所能，花了一個鐘頭很詳細地跟小明解釋陰道與食道的差別。

說完以後，爸爸忽然想到了一些什麼，納悶地問小明是從那兒聽來這兩個名詞的。小明回答說：「剛才『報告班長』裡面的那個班長，不是告訴連長應到幾人、實到幾人嗎？」

先入為主的觀念往往害人匪淺。

人一旦對事情有了成見，就好像茶杯裡裝了雜質，即使倒入的水再清澈透明，也難以下嚥；人的成見如同田地裡蔓生的雜草，無論你之後再怎麼辛勤耕種，也很難有收穫。

滿腦子成見的人，總是先入為主，自以為是，總是以為自己是對的，看在別人的眼裡，其實是多麼荒唐可笑！

我們並非聖賢，很難不以自己既有的觀念來評斷事物，但是，若能抱持寬闊的胸襟，廣納不同的意見，知錯能改，倒也無所謂。怕的是，有些人即使眞相擺在眼前，卻仍然固執己見、不肯善罷干休，那麼，有見解還不如沒有見解，不知道還比知道要來得好。

你是否也常常陷入先入爲主的陷阱而不自知呢？在批判別人之前，請先反省反省自己吧！

你是機智，還是白目？

很多人都以為自己很機智，殊不知在別人眼中，只不過是個既不學無術又白目的大白癡。

在人生戰場上，我們不僅跟別人競爭，同時也跟自己競爭。真正的成功者，往往是不斷累積自己實力的人，而不是那些只會混吃等死又自以為聰明的人。人可以不聰明，但不可以不識時務。要是沒有過人的智商，又不知腳踏實地，不懂得察言觀色，那叫做「白目」。

上國文課時，老師在講台上喃喃不停地講課，突然點名道：「同學！我們上節課教過一句話：『人生自古誰無死』，你來接下一句！」

那名被點到的同學素來喜歡在課堂上打瞌睡，別說是上節課了，就連上上節課、上上上節課他也是在瞌睡中度過，怎麼可能答得出來？

但他還是鼓起勇氣面對現實，從容不迫地從座位上站起來，回答道：「人生自古誰無屎，有誰大便不用紙？」

結果，這名同學就這麼被當了！

就在隔年，他又重修這位老師的課。

老師認得這名同學的臉孔，再次重施故技。他選在所有同學都昏昏欲睡的時候，刻意點名問：「同學！我們上節課教過：『人生自古誰無死』，你來接下一句！」

這一回，學生學乖了，他決定要答得比去年更好更完整。

只見他從座位上站起來，搖頭晃腦地回答道：「人生自古誰無屎，誰能大便不用紙？若君不用衛生紙，除非你是用手指。」

很多人都以爲自己很機智，殊不知在別人眼中，只不過是個既不學無術又白目的大白癡。

聰明用對地方，人們會說你是「曠世奇才」；聰明用錯地方，你有多聰明就會有多悲慘，因爲那叫做「自作聰明」、「聰明反被聰明誤」。

才華無價，卻不一定有人懂得欣賞。即使是千里馬，也是因爲運氣不錯，遇上了伯樂，所以才成爲一匹稀世珍寶，否則，牠空有一身技能，終其一生也只不過是一匹桀驁不馴又難以駕馭的野馬。

一個眞正聰明的人，一定懂得分辨誰是識人伯樂，誰是睜眼瞎子。一個眞正聰明的人，不需要時時刻刻都表現得冰雪聰明，只需要在不同的人面前，表現出自己所預期的樣子。

明哲保身總好過鋒芒畢露，大智若愚，才是眞正的聰明！

用謊言掩飾過錯是錯上加錯

用謊言來彌補自己的過錯，你只是在用一個更大的坑洞來掩蓋先前的小坑洞，結果第一個踏進去的仍然會是你自己。

人的通病是犯了錯卻不肯虛心認錯，爲了那層薄薄的面子，老是想用謊言掩飾自己的過錯，把別人當傻瓜。

眞正的傻瓜，就是把別人都當傻瓜的那個傻瓜。

太小看別人的智商，最後被愚弄的人往往只會是你自己。

一名教師竟然不小心在教學的途中打瞌睡，當他醒來，驚覺自己的糗態後，立刻對台下的學生正經八百地說：「我不是在睡覺，我只是去拜見周公罷了。」

隔了幾天，他的學生也仿效他，在課堂中趴在桌子上睡覺。教師很生氣，便用藤條將學生打醒，理直氣壯地問他：「你為什麼在上課中打瞌睡？」

學生說：「我不是在睡覺，我也是前去拜見周公嘛。」

「喔？是嗎？」聽了這話，教師眉毛挑起，試圖在雞蛋裡挑骨頭，「那周公跟你說了些什麼？」

「周公跟我說，他前幾天並不曾會見過我老師。」學生小聲地回答道。

人難免會犯錯，知錯不難，認錯卻的確不容易，尤其是在地位比自己低下的人面前認錯，更是難上加難。但是，倘若你不勇敢地認錯，你就只能用謊言來掩飾自己的錯誤，那更是錯上加錯，只會惹來別人奚落。

世界上沒有什麼拆穿不了的謊言，有的只是時間早晚的問題而已。用謊言來彌補自己的過錯，你只是在用一個更大的坑洞來掩蓋先前的小坑洞，結果第一個踏進去的仍然會是你自己。

人很難做到完全沒有錯，但是你至少可以做到儘量不說謊。

別讓習慣搞砸了你的飯碗

拖泥帶水的留著舊習慣看起來沒什麼不好，但是那樣，你就永遠不能擁有一個嶄新的人生。

古希臘哲學家亞里斯多德曾經告誡世人說：「一個人倘若不知道，重複練習這一種或那一種行為，可以產生和他的行為相當的性格習慣，他必定是個十足的蠢人。」

命好不如運好，運好不如習慣好。

好習慣是所有福報的根源，但是一個人若不懂得適時的改變習慣，那麼不管是好習慣、壞習慣，都很可能會替你砸了手中的那一碗飯。

小周年輕時在西餐廳工作了很久，為了尋求一份更穩定的生活，中年以後便轉任殯儀館的屍體焚化員。

原以為可以從此高枕無憂，替自己積陰德，替社會做功德，沒想到才上任不到一個禮拜，小周就被炒魷魚了。

朋友關心地問：「聽說你被炒魷魚了？」

「是啊，怎麼樣？」

「你的工作態度一向很好，怎麼會被人開除呢？」

「唉！別提了，我就是太敬業了，所以才會不小心說錯一句話……」

「喔？什麼話那麼嚴重，只說錯一句就要被開除？」

小周摸摸頭，嘆了一口氣，說：「其實也不是什麼重話，我只是問死者家屬『你要幾分熟？』如此而已啊……」

莎士比亞曾經說：「我從來沒見過一個可以逐漸改變壞習慣的人。」

剛開始你可能告訴自己要「慢慢的改，慢慢的改」，但是過了一段時間之後，你會發現自己依然故我。

不是你不去改變，只是你始終沒有眞正「下定決心」去改變。

習慣永遠不會神奇的消失，你必須自己動手去把它戒掉。

拖泥帶水的留著舊習慣看起來沒什麼不好，但是那樣，你就永遠不能擁有一個嶄新的人生。

輯11.

用幽默代替生氣

生氣不能解決問題，

有時候，一顆寬容的心，幾句幽默的話語，

就可以把肝火化為笑意，把敵人變成朋友。

用幽默代替生氣

生氣不能解決問題，有時候，一顆寬容的心，幾句幽默的話語，就可以把肝火化為笑意，把敵人變成朋友。

古代有位哲人曾說：「以責人之心責己，便少過失；以恕己之心恕人，便能保全情誼。」

在生活中，我們難免都會遇到令人生氣的狀況，但在那把無名火升起之前，請先想一想，發了這把火，對事情本身會有任何幫助嗎？既然沒有，爲什麼不用幽默代替生氣呢？

唐朝武則天當政的時候，一天，宰相楊再思入朝，正好碰見一輛載滿重物的牛車要出西門。

可是，當時正值大雨剛停，道路泥濘不堪，牛使勁了力氣也拉不動車子，結果卡在路上，進退不得。

趕車人面臨到這般窘境，生氣地罵道：「真是一群笨宰相，只顧天晴不顧雨天，把這條路修得這麼難走，害我們得吃這麼大的苦頭。」

話才說完，趕車人定睛一瞧，站在自己身邊的正是剛剛被自己罵得狗血淋頭的「笨宰相」楊再思，心想這下子完蛋了。

只見宰相大人非但沒有記恨，還對著他笑了笑，緩緩地開口說：「雖然你的牛很沒用，但是你也不應該這麼沒規矩地稱呼牠們為宰相啊！」

生氣不能解決問題，有時候，一顆寬容的心，幾句幽默的話語，就可以把肝火化爲笑意，把敵人變成朋友。

不隨便生氣的人，是世界上最大的贏家。

因爲，他們不只爲自己贏得了健康、快樂，還爲旁人帶來了好心情。你說，這不是最富有的人是什麼？

赫胥黎曾經告訴們一個道理，他說：「人生不是受環境的支配，而是受自己的習慣思想所擺佈。」

如果說生氣是人的一種習慣，那麼，你可以試著改變自己，讓幽默也成爲你的一種習慣。

留下模糊地帶，容易讓人想歪

當你交代得不清不楚，別人自然會把你評價得不清不楚。當你讓事情有了模糊地帶，別人也就會順理成章的想歪。

很多難以啓齒的事情，要試著溫和地、技巧地讓對方理解；話語之中留下模糊地帶，最容意讓人想歪。

千萬不要因爲不好意思而編謊話。

當你說了一個謊，你便是爲自己挖了一個往下跳的坑，輕則鬧出尷尬的笑話，重則造成嚴重的誤解。

某位老師在學校開了一個課程，教導青少年正確的性知識。

但是生性保守的老師不好意思對老婆說實話，只敷衍地對老婆說，他在學校教的是「划船課」。

一次，教師夫人有事來到學校找丈夫，碰巧遇到一名丈夫班上的學生，兩人閒聊得非常愉快。

聊著聊著，這位學生以無比景仰的語氣對師母說：「老師的課是我最喜歡的課程之一，他的教學方式實在太棒了！讓我們受益匪淺，學到了不少正確的姿勢和知識。」

教師夫人感到非常驚訝，睜大了雙眼，不置可否地說：「這怎麼可能！他在這方面一點天分也沒有！我還記得第一次，他朝著我的臉吐得一塌糊塗，第二次，他光顧著玩，居然不小心把帽子給弄掉了！從那之後，我們就再也沒有過第三次了！」

是不是？不管是無心還是故意，當你把事情交代得不清不楚，別人自然也就會把你評價得不清不楚。

當你讓事情有了模糊地帶，別人也就會順理成章地想歪。

還是坦蕩蕩做事最輕鬆，大剌剌做人最自在。

正所謂「水至清則無魚」，如果這個世界是一個大染缸，但願你我的心靈都還能保有一池清澈自然的泉水。

眞誠是一種心靈開放的狀態，但是，大部分人的誠實都是有條件的，這種狀況就像法國哲學家拉羅什富科所說的：「我們通常見到的所謂真誠，不過是一種騙取別人信任的狡猾偽裝。」

其實，做人何必那麼辛苦，何必爲了顏面問題而說謊？只要不過分擔心別人的眼光，你就可以活得更自在。

過度愛名牌是一種癡呆

是否在無形中，我們也為自己設定了某種廠牌的迷思?崇尚名牌是個人自由，只是，要懂得謹慎使用，別被奴役了。

有個書生第一次出遠門就到了北京，回到家鄉後仍對那裡念念不忘，什麼事都和北京比較，直誇北京好。有一天晚上，書生和父親在月下散步，忽然聽見有個人說：「今晚的月色真好啊！」

他馬上反駁那人說：「哼，這月亮有什麼好?你不知道，人家北京的月亮不知比這月亮好多少倍呢！」

一旁的父親聽到兒子又開始犯「北京癮」，非常生氣，便罵他說：「天上只有一個月亮，北京的月亮不就是這月亮嗎?怎麼北京的月亮會比較好呢?」說著，朝書生的腦袋瓜上揍了一拳。

書生被打，一邊摸著頭，一邊不服氣地嚷道：「誰稀罕你這拳頭，人家北京的拳頭不知比你的好多少倍呢！」

挨了一記拳頭後，還能誇著北京拳頭好的人，大概也無可救藥了！

現實生活中，這種「天兵」很多，爲了某一種迷思、崇拜，寧可睜眼說瞎話的人到處都是。如果這樣可以讓自己活得很快樂，那也沒什麼不好的，可是若因此帶來麻煩，或者權益受損，就要再三考慮了。

秦朝有一個讀書人，好古成癖，凡是古物，不管價錢再高，也要買下來收藏。有一天，某個自稱古物收藏家的商人捲著一張破草席登門拜訪，告訴讀書人：「當年魯哀公向孔子賜座問政時，孔子所坐的就是這張席。」

讀書人聽了如獲珍寶般愛不釋手，便拿自己所有的田產換這張破席。

這個誇張的交易在鄰里間傳開後，所有人都為讀書人大嘆不值，甚至以為他讀書讀過頭，腦筋出了問題。消息傳到有心人士耳裡後，開始有人算計著要如何將「古物」賣個書生。

果然，過了不久就有個人拿著一根腐朽的枴杖去找書生，對他說：「這是周太王躲避狄人入侵，率領眾人離開邠地時所拄的枴杖，比起孔子坐過的那張草席，還早上幾百年。」

讀書人當然又傾盡家裡所有錢財，歡歡喜喜地買下這根朽枴杖。

接著，又有個人捧著一只破碗走來說：「這只碗是夏桀時製造的，是周朝以前的古物，比那席子和枴杖都古老得多！」

書生喜出望外，可是已經身無分文，只好把房子讓給那人換下這只破碗。

雖然書生得到了三件古物，可是自己也淪為乞丐了。他天天披著孔子坐過的破席，拄著周太王的枴杖，捧著夏桀時的破碗，行乞街頭，見人就哀求道：「我的衣食父母呀，您有姜太公的九府古錢嗎？賞我一文吧！」

曾經聽過一個案例，有一家台灣文具製造商到日本參觀博覽會時，發現自己研發且申請過專利的文具竟然在日本販賣，而且授權者是美商公司，這是非法的，當因為該製造商只授權美商公司在美洲地區販售。

台商將真相告訴日本廠商，並且讓他們知道，從台灣直接進口會比從美國買要便宜許多，可是日商拒絕了，即使他們知道台灣才是源頭公司。

無意中和一位在日本居住多年的友人討論起此事，他說，日本是一個非常崇洋的民族，並且認爲自己是亞洲地區最先進的國家，因此其他亞洲地區國家並不被他們看在眼裡。商品標榜美國進口與台灣進口，相較之下，即使價錢貴一倍，美國貨也比較容易賣出。

是否在無形中，我們也爲自己設定了某種廠牌的迷思，而不去思考它是否眞的比較好呢？

崇尚名牌是個人自由，也可算是一種興趣，只是，要懂得謹愼使用，別被奴役了！想擁有它的人，還是多努力賺點姜太公的九府古錢吧！

轉移焦點，就不會鑽牛角尖

嘲笑可笑的事物，或許不會讓我們突破困境，但卻可以幫助我們轉移焦點，不往牛角尖裡鑽。

一位大師說：「如果你無法解決一個問題，那麼最好先嘲笑它。」

這個方法雖然有點賤，但也不失爲化解窘境的好方法。

一個幽默的人，不但能夠用不同的角度看事情，還比一般人更有能力從容的面對危機、自我開解，又怎麼能不比別人更有機會成功呢？

一群年輕男女在一家旅館的客房內開派對，大夥兒豪飲狂歡、唱歌划拳，場面好不熱鬧。

正當他們high到最高點時，旅館的服務員突然來敲門，鐵青著一張臉對他們說：「請你們把音量放低一點好嗎？因為，隔壁房間的那位先生抱怨說他不能看書了。」

「那麼你去告訴他，」一個二十來歲的毛頭小子理直氣壯地說：「他應該感到慚愧，我還沒滿五歲就已經能看書了！」

嘲笑可笑的事物，或許不會讓我們突破困境，但幽默的觀點卻可以使我們的視野變寬闊，幫助我們轉移焦點，不往牛角尖裡鑽。

幽默是一種生活態度，有的人與生俱來，有的人後天養成，全看你自己有沒有那份開放的胸襟與開創的思維。

幽默感並不難培養，然而，能夠處在困境裡還不忘幽自己一默，是人世間最難得的一種修煉。

井底之蛙總是認為自己最偉大

我們常常以為自己很重要，甚至想要讓別人認為自己有多重要，其實不過是突顯了一個井底之蛙的見識而已。

有的男人想要駕馭女人，因此總是喜歡藉機貶低女人，這樣的男人通常沒知識、沒常識，又喜歡虛張聲勢。

至於女人出言駁斥男人，並不代表她們就是有見識的女權主義者，她們所依據的不過是經驗法則。

第一的人，都有一個共通點，他們通常不會自稱第一。

不是第一的人，也有一個共通點，那就是他們總是認爲自己最偉大，以爲自己能做的事別人絕對做不到，而且還唯恐天下不知。

一對夫妻為了小事鬥嘴，丈夫說：「我是天，你是地。天地、天地，天在地的前面，所以妳應該聽我的。」

妻子不以為然地說：「哼！你少做夢了！我是陰，你是陽。陰陽、陰陽，陰在陽的前面，所以你才應該聽我的。」

「哪有這種事！」丈夫說：「男女、男女，男在女的前面。」

「誰說的？雌雄、雌雄，雌在雄的前面。」妻子不甘示弱地反駁道：「我們女人會生孩子，你們男人會嗎？」

「豈有此理！妳搞清楚，要是沒有我，妳能生孩子嗎？」

「當然可以！你以為這個世界上只有你一個男的嗎？」

只要是人，就免不了和別人發生摩擦，甚至激烈爭吵。其實，當現實環境不如預期，不妨發揮一些幽默感，提醒自己別跟沒修養的人一般見識。

在這個世界上，沒有誰是不可以被取代的。

我們常常以爲自己很重要，甚至想要讓別人認爲自己有多重要，其實不過是突顯了一個井底之蛙的見識而已。

眞正重要的人，從來不覺得自己重要。他不在乎先後，也不爭論輸贏；別人看到的是他的份量，他卻只看得見自己的本分。

越是懂得低頭的人，反而爬得越高。

第一永遠只有一個，在兩人的世界裡，我們追求的不是成爲第一，而是成爲彼此的唯一。

貪心不足就會變得盲目

貪心的人總是想要得到很多，但是到頭來，他們最可能得到的，卻是很多很多——很多的煩惱。

人的貪念如同花朵，花兒盛開時，看起來千嬌百媚，但是當它凋零時，卻枯萎不振，讓人徒留傷心淚。

貪念往往來自於見不得別人好，或不甘心對方比自己還要好，不管對方擁有什麼，自己無論如何都要擁有好幾倍。

貪心不足，人就會變得盲目，忘了有些東西不能以倍數計算。

話說有天，兩名妙齡女郎一同漫步在沙灘上，走著走著，眼前突然出現一個奇形怪狀的茶壺。

見到這個怪茶壺，其中一名女郎一時好奇心燃起，彎腰拾起了茶壺，並用衣袖把上頭的灰塵擦掉……

就在這個時候，突然冒出一縷青煙，一個精靈從茶壺裡飄了出來，恭敬有禮地對她們說：「主人，謝謝妳們把我救了出來，為了報答妳們，我可以給妳們一人一個願望。」

精靈話才剛說完，拾起茶壺的那名女郎就搶先開口說：「是我伸手去把你撿起來的，所以不管她要什麼願望，我都要她的兩倍！」

精靈相當豪爽地回答：「沒問題！」然後轉頭問另外一名女郎說：「妳要什麼願望呢？」

那女郎低著頭，很不好意思地說：「我希望我的身材可以變成三十六、二十四、三十六。」

適度的野心或許可以使人努力更上一層樓，但是，太過貪心卻容易讓人陷入慾望的漩渦。

正所謂「偷雞不著蝕把米，聰明反被聰明誤」，貪心的人往往都是盲目的，他們只一味追求遠方的夢想、目標，卻忽略了橫隔在眼前的現實，以致於不切實際、本末倒置。

到最後，聰明才智所換來的，不過是南柯一夢，空歡喜一場。

一個人的慾望太多，就很不容易滿足。

貪心的人總是想要得到很多，但是到頭來，他們最可能得到的，卻是很多很多——很多的煩惱。

樂觀，可以讓人生美麗一點

只要你相信自己是人生的主宰，有能力可以應付將來的挑戰，這樣的人生觀可以幫助你發揮最大的潛力。

凡事都有一體兩面，要專注在陰暗面還是光明面，完全是自己選擇。悲觀的人總認爲自己無力回天，樂觀的人卻相信不幸可以扭轉。

或許，樂觀對事情本身沒有任何助益，但樂觀的想法總可以使我們的人生開朗一點、美麗一點。

哲人安東尼奧·葛萊姆西曾經這麼說：「我的智慧讓我悲觀，我的意志卻讓我樂觀。」

悲觀與樂觀，往往在人的一念之間，造成的結果卻是天壤之別。

有一則笑話說，總統、副總統、行政院長……等高級大官員一同出席一個重大會議，結果在途中發生連環車禍，趕緊送往最近的醫院急救。

沒多久，各家記者聞風趕至醫院，在急診室門口苦苦等候醫生出來。等了好幾個鐘頭，負責手術的醫生終於走出來了。「醫生！醫生！總統大人有救嗎？」記者一窩蜂地湧上前問道。

只見醫生沮喪地搖搖頭說：「唉……總統沒救了……」

記者又接著問：「那麼，副總統有救嗎？」

「唉……也沒救了……」醫生又沮喪地搖著頭說。

記者沒料到會發生這種晴天霹靂的新聞，一時間驚訝得說不出話來，只好反過來問醫生，「那……那到底誰還有救？」

「國家！國家有救了！」醫生精神一振，眼神閃閃發光地說。

不要讓環境左右自己的心境，就算再糟糕的事情也會有讓人感到欣慰的地方。當現實環境不如預期的時候，何妨試著用幽默取代心中的怨懟？

有位哲人這麼說：「讓我們歡喜吧，無論如何要記得，最不幸的遭遇永遠都還沒有到來。」

樂觀與悲觀也許是與生俱來，但也可以藉由後天的信念加以改變。只要你相信自己是人生的主宰，有能力可以應付將來的挑戰，這樣的人生觀可以幫助你發揮最大的潛力，即使是現在做不到的事，將來的某一天也一定能實現。

不要以慣性衡量眼前的環境

所有的誤會，其實都是由「想當然爾」開始的。在變動不羈的現實生活中，不能老是以慣性思維去衡量眼前的環境。

越在乎的人，我們反而越會對他產生誤會；越在乎的事，我們反而越會被自己的思路所侷限，因爲，我們都容易用「想當然爾」的慣性思維去衡量周遭的人事物。

「想當然爾」不一定是壞事，有時候，當我們想說服別人去做某件事的時候，不妨運用機智，適度迎合這種慣性。

這可會比你費盡唇舌還有效。

有一天下午，阿嘉到醫院做健康檢查，不久護士小姐拿了針準備要替他抽血。

阿嘉看著眼前面目猙獰的的粗大針頭，忍不住小聲地問：「會不會痛啊？我最怕痛了……」

護士拍拍他的肩膀，笑得像聖母瑪莉亞般慈祥，溫柔地說：「放心好了，我做了二十幾年的護士……」

阿嘉聽到這裡，心裡的那塊大石頭總算落了地：「那太好了，既然妳這麼有經驗，我就放心了。」

沒想到話才剛說完，護士一針用力地刺下，整層樓都聽得見阿嘉像殺豬般淒厲的慘叫聲。

此時，護士才緩緩把先前要說的話說完：「我做了二十幾年的護士，沒有一次不痛的……」

「想當然爾」的這種念頭，有可能推敲出正確的結論，但也有可能因而產生荒謬的誤會。

因此，聽話要聽完全，說話要說清楚。

生命的藤蔓往往不是我們能決定生長方向的，它會在何時，以何種姿態與別株藤蔓相會、交錯、糾葛，也不是我們所能預料的。

很多時候，一個不經意的停頓、搖擺、轉身，兩株藤蔓就從此擦身而過，分別往兩個截然不同的方向攀爬，終於，一切事情的發展，都和我們原本以爲的不一樣了。

所有的誤會，其實都是由「想當然爾」開始的。因此，在變動不羈的現實生活中，不能老是以慣性思維去衡量眼前的環境。

倚老賣老，只會招來訕笑

碰到愛倚老賣老的人，誰有耐性跟他耗？誰有修養去忍受？唯一的辦法，就是陽奉陰違、以柔剋剛。

雖然許多人提倡「敬老尊賢」，但是，也有人不以爲然，認爲老人未必就是好人，賢人也可能是閒著沒事幹，只會高談闊論的人。

因此，做人千萬不要只長歲數沒長大腦，更不要動不動就倚老賣老，否則恐怕會招來別人的訕笑。

話說，有一天，十歲的男孩突然問父親：「爸爸，做父親的總是比兒子知道得多嗎？」

「當然啊！」爸爸自信滿滿地回答。

男孩又問：「那麼，爸爸，你知不知道蒸汽機是誰發明的？」

「怎麼會不知道呢？」這問題太簡單了，爸爸回答得好不神氣：「蒸汽機是瓦特發明的！」

「可是……爸爸，」男孩一臉疑惑地說：「那，為什麼瓦特的父親不發明蒸汽機呢？」

根據人力資源公司一份調查顯示，年輕上班族裡，有五成六的人表示最受不了中高齡同事「倚老賣老」。

明明只長歲數沒長腦袋，爲什麼這些「老人家」說的話自己就要奉爲聖旨？雖然他們的資歷自己深，但能力未必比自己強，憑什麼在他們面前，自己就要乖乖低頭？碰到愛倚老賣老的人，誰有耐性跟他耗？誰有修養去忍受？唯一的辦法，就是陽奉陰違、以柔剋剛。

既然他那麼想在人前人後有所表現，就給他表現的機會，他愛出鋒頭，就事事徵詢他的意見，讓他覺得受到重視而更盡心盡力的把擔子往肩上扛，不是也不錯嗎？

天底下沒有不能解決的問題，只有自覺無解的心。只要你認為它不是什麼大問題，問題就會自然而然地消失了！

不要當個聰明的白癡

一個真正有智慧的人，絕對不會看不起任何人。因為他知道，再怎麼不堪的人都一定有值得自己學習的地方。

天才與白癡往往只有一線之隔。把聰明才智用在有實際利益的地方，就是天才；把聰明才智發揮在毫無用處的地方，就會被人叫作白癡。

但是，千萬別取笑白癡，白癡也有一定的智商。一般人最容易犯的錯誤是，相信自己比白癡優秀，其實自己只不過五十步笑一百步罷了。

一名精神科醫生被一群精神病人纏著，要求著要馬上出院。醫生不堪其擾，只好用粉筆在牆上畫一扇門，對病人說：「只要你們能打開這個門，就可以從這裡走出醫院了。」

病人聽了，紛紛嘗試去開這道門，用盡各種方法都打不開這扇門，但是，他們並不灰心，而且還越挫越勇。

在場只有一個病人始終冷眼旁觀，非但不設法去開這個門，還用嘲笑的神情注視著其他同伴。

醫生看到這個情形，心裡總算感到一絲安慰，心想奮鬥了這麼久，終於有一個人被他治癒，恢復正常可以出院了。於是，他笑瞇瞇地問那名病人說：「你為什麼笑他們呢？」

「我笑他們，是因為我知道他們不可能打得開這扇門的！」

醫生好奇地問：「喔？為什麼？」

只見這位病人一本正經地說：「因為門的鑰匙在我這裡！他們怎麼可能打得開這扇門呢？」

據說，功夫明星李小龍曾說：「與其說愚者因智者的回答而學到東西，不如說智者因愚者的質問而得到更多。」

頭腦清楚的人，永遠佔便宜。因為他們不僅知道得比別人多，而且還可以從那些知道得比他們少的人身上學到更多。

因此，我們是不是可以這麼說，智者是愚者的老師，相對的，愚者也同樣是智者的老師？

一個眞正有智慧的人，絕對不會看不起任何人。因爲他知道，再怎麼不堪的人都一定有值得自己學習的地方，即使是神經病的邏輯，也未嘗不是造就一個天才的緣起。

先看穿對方的心思，再表達自己的意思

全集

先突破對方的心防，再巧妙說出自己的想法

《罵人不必帶髒字》系列暢銷作家

文彥博 編著

成功學大師戴爾．卡內基曾說：

如果你想要別人接受他們不想接受的要求，只需將這些要求包裝在他們喜歡聽的話語之中。

確實如此，不論溝通、談判或是推銷自己的想法，想要順利達成目的，就必須先看穿對方潛藏的心思，然後用對方最喜歡聽的話語，巧妙地傳達自己的意思。

如果你能在言談間看穿對方正在想什麼，便可以突破對方的心防，牽引對方往自己設定的方向走。

黛恩 編著

改變思考方式，才會有更好的出路

想改寫人生，就要適時改變自己的思考模式

戴爾．卡耐基曾經寫道：

「如果自己非常想要做的事情未能成功，不要立刻接受失敗，試試別的方法，因為你的弓不會只有一根弦，只要你願意找到另外的弦。」

人要懂得變通，要懂得順應環境調整自己的心境，改變自己的思考方式。

在快速變化的人生旅途中，或許你的腦海不時浮現一些自認為非常棒的想法，但是，如果不懂得順應環境，不懂得適時修正自己的思考方式，那麼可能就永遠找不到自己的人生出路。

溝通智典

09

你不能不知道的幽默說話術

作　　者　凌　雲
社　　長　陳維都
藝術總監　黃聖文
編輯總監　王　凌
出 版 者　普天出版家族有限公司
新北市汐止區忠二街 6 巷 15 號
TEL / (02) 26435033 (代表號)
FAX / (02) 26486465
E-mail：asia.books@msa.hinet.net
http://www.popu.com.tw/
郵政劃撥 19091443 陳維都帳戶
總 經 銷　旭昇圖書有限公司
新北市中和區中山路二段 352 號 2F
TEL / (02) 22451480 (代表號)
FAX / (02) 22451479
E-mail：s1686688@ms31.hinet.net
法律顧問　西華律師事務所・黃憲男律師
電腦排版　巨新電腦排版有限公司
印製裝訂　久裕印刷事業有限公司
出 版 日　2020 (民 109) 年 5 月第 1 版
ISBN◉978-986-389-721-7　　條碼 9789863897217

國家圖書館出版品預行編目資料

你不能不知道的幽默說話術／
凌雲著.—第 1 版.—：新北市,普天出版
民 109.05 面；公分. - (溝通智典；09)
ISBN◉978-986-389-721-7 (平裝)